CARRÉS CLASSIQUES

Collection LYCÉE dirigée par
Sophie Pailloux-Riggi
Agrégée de Lettres modernes

Molière

Le Misanthrope

1666

texte intégral

Édition présentée par
Jean-Pierre Aubrit
Agrégé de Lettres classiques

Nathan

sommaire

Contextes

Lire *Le Misanthrope*

Relire *Le Misanthrope*

ISBN 978-2-09-188526-1

sommaire

Ce logo indique les pages spécialement dédiées aux Arts de la scène.

Qui est Molière en 1666 ?

« Le premier farceur du royaume »

En 1666, Molière a quarante-quatre ans : il est à la fois au sommet de la gloire et, avec l'affaire *Tartuffe* (1664-1669), à la mi-temps d'une épuisante bataille. Dès son retour à Paris, en octobre 1658, après treize ans passés à sillonner la province et à y apprendre son métier, il a obtenu pour sa troupe la protection de Monsieur, le frère du roi, et conquis l'intérêt du jeune Louis XIV, qui a beaucoup ri à la farce du *Docteur amoureux*. L'année suivante, le petit acte des *Précieuses ridicules* a imposé un mélange inédit de bouffonnerie et de satire des mœurs, et deux pièces aussi dissemblables que *Sganarelle* (1660) et *L'École des maris* (1661) ont confirmé son succès croissant.

« Le futur ordonnateur des réjouissances de la Cour. »

Mais ce sont deux autres ouvrages, *Les Fâcheux* (1661) et *L'École des femmes* (1662), qui vont l'installer au premier plan de la vie culturelle. En inventant la comédie-ballet avec *Les Fâcheux*, il s'impose comme le futur ordonnateur des réjouissances de la Cour : des *Plaisirs de l'Île enchantée* (1664) au *Grand Divertissement* de 1668, le roi fait appel à lui pour régler les festivités somptueuses dont Versailles est le théâtre. Quant à *L'École des femmes* (1662), elle marque l'avènement d'une nouvelle forme de comédie : la pièce marie de graves enjeux philosophiques et moraux aux effets comiques les plus variés, et propose des personnages nuancés, parfois contradictoires, et qui évoluent au fil de l'action.

La nouveauté et le succès de l'ouvrage suscitent contre Molière de très violentes attaques : on l'accuse de bafouer aussi bien la morale que les règles de la comédie. Mais Molière peut compter sur la faveur de Louis XIV, parrain de son premier enfant en 1664, et qui, l'année suivante, pensionne généreusement sa troupe, désormais « Troupe du Roi ». Cet appui ne l'empêche pas d'être en butte aux attaques des intégristes du parti dévot, qui obtiennent l'interdiction de *Tartuffe* en 1664, et se déchaînent contre *Dom Juan* en 1665.

Une longue gestation

C'est dans ce contexte troublé que *Le Misanthrope* est créé en 1666. Loin des fièvres polémiques suscitées par les deux créations précédentes, cette comédie de salon peut sembler une pause dans la carrière de Molière. Elle était pourtant en chantier depuis deux ans au moins : si l'on en croit son ami Boileau, l'auteur a donné lecture du premier acte en 1664. L'ouvrage remonte même plus loin encore, précisément à un échec dont la blessure est encore vive : celui de *Dom Garcie de Navarre ou le prince jaloux*, conçu dès 1659 et retiré de l'affiche au bout de sept représentations en février 1661. Cette « comédie héroïque », par laquelle Molière entendait conquérir l'estime littéraire refusée aux seuls « farceurs », ne sera pas publiée de son vivant. Mais elle fournit au *Misanthrope* la situation de l'acte IV ainsi qu'une centaine de vers parmi les plus émouvants de ceux qui opposent Alceste et Célimène.

Un rendez-vous manqué avec le public

La première du *Misanthrope* a donc lieu le 4 juin 1666 à Paris, au théâtre du Palais-Royal. Les deux premières représentations sont un beau succès : précédée par une série de lectures privées, l'œuvre, à laquelle Molière a apporté tous ses soins, est très attendue. Mais rapidement, les recettes chutent, et la pièce connaît un sort décevant, même couplée avec *Le Médecin malgré lui*. C'est que le public du parterre est déconcerté par une comédie qui offre plus à sourire qu'à rire. Quant aux « gens de qualité », auxquels l'œuvre semble naturellement destinée, ils font en partie défaut. À cette date de l'année, le beau monde commence à fuir Paris, et la cour vient de quitter Versailles pour Fontainebleau. Erreur fatale de calendrier, expliquée sans doute par les ennuis de santé de Molière qui ont retardé la création à ce moment peu propice. Qualifiée de « chef-d'œuvre » dès 1666, la pièce restera longtemps l'objet d'une admiration un peu lointaine et devra attendre le XXe siècle pour exprimer toute sa puissance scénique. ■

« *Le public déconcerté.* »

La comédie de Molière : le portrait d'un siècle

Dans sa « Lettre écrite sur la comédie du *Misanthrope* », publiée en tête de la première édition de la pièce, Jean Donneau de Visé louait Molière d'y avoir brossé le « portrait du siècle ». C'est même l'une des caractéristiques de son théâtre, où Charles Perrault voyait « moins des comédies que la vérité même ».

Le tableau de la société

Seule parmi les genres littéraires du XVIIe siècle, la comédie, et particulièrement celle de Molière, brosse un tableau complet de la société. Certes, avec les « histoires comiques » (*Le Roman bourgeois* de Furetière, 1666), le roman commence à manifester le souci de peindre la vie quotidienne ; mais il se cantonne généralement dans un univers héroïque (*Le Grand Cyrus* de Mme de Scudéry, 1649-1653) ou aristocratique (*La Princesse de Clèves* de Mme de La Fayette, 1678). Sur la scène théâtrale, la tragédie ne fait jouer que des dieux et des princes, partagés entre malédictions et ambitions. Quant à la pastorale, elle n'offre que l'univers irréel de jeunes bergers sentimentaux : Molière lui-même y sacrifie à l'occasion, pour satisfaire le goût de la Cour (*La Princesse d'Élide* en 1664, ou *Mélicerte* en 1666).

« Une traversée de l'époque. »

Mais le plus souvent, son théâtre nous offre une traversée de l'époque, dans sa plus grande diversité. On y trouve des paysans, enrichis comme George Dandin, ou indigents comme le Sganarelle du *Médecin malgré lui* ; des bourgeois qui vivent dans le dénuement (Harpagon) ou bien dans la prodigalité (Monsieur Jourdain) ; des nobliaux de province (Monsieur de Pourceaugnac) ou des aristocrates familiers de la cour : le salon de Célimène dans *Le Misanthrope* offre un tableau nuancé de ce petit monde et de ses mœurs, à travers quelques personnages (Acaste, Oronte, Clitandre) mais aussi par les portraits de quelques autres, croqués dans un tic ou une attitude. Une pièce comme *Dom Juan* fait entendre une véritable polyphonie des accents et des langages : patois savoureux des paysans (transcrit de celui de l'Île-de-France), phrasé noble et un peu démodé de Don Louis, style embarrassé du marchand drapier Monsieur Dimanche. À cela, il faut ajouter le vaste monde des domestiques, saisi dans toute sa variété, des simples utilités, comme Basque dans *Le Misanthrope*, aux intendants régisseurs comme le Sganarelle de *Dom Juan*, que l'on voit servi à table par des valets.

Un écho aux débats du temps

Si les comédies de Molière brossent un « portrait du siècle », c'est aussi parce qu'elles servent de caisse de résonance aux questions qui agitent la société de l'époque. Certes, on trouve encore dans ce théâtre la trace de canevas plus intemporels, hérités de la farce médiévale ou de la comédie latine : n'allons pas voir dans l'obsession du cocuage qui agite le héros de *Sganarelle* autre chose qu'une variation brillante sur un vieux thème gaulois, et ne transformons pas *Les Fourberies de Scapin* en réflexion sur la tyrannie des pères !

Mais souvent, Molière exploite un schéma traditionnel pour qu'en émerge un débat qui fait l'actualité. Bâtie sur le modèle de « la précaution inutile », *L'École des femmes* met ainsi en scène la question de l'éducation des jeunes filles, tout comme *George Dandin*, classique histoire d'un mari berné par une épouse volage et perfide, aborde le thème de la mésalliance sociale. Plus généralement, les masques et les grimaces de la comédie servent à instruire quelques procès : la folie romanesque dans *Les Précieuses ridicules*, l'hypocrisie des faux dévots dans *Le Tartuffe*, l'obsession nobiliaire des bourgeois enrichis dans *Le Bourgeois gentilhomme*, l'imposture de la médecine dans *Le Malade imaginaire*.

« *Une nouvelle forme de comédie.* »

Molière invente même une nouvelle forme de comédie, presque dépourvue d'intrigue, pour mieux refléter les mœurs, les angoisses et les travers d'un milieu : celui des comédiens dans les deux actes uniques de *La Critique de l'École des femmes* et de *L'Impromptu de Versailles* ; celui des jeunes aristocrates mondains dans *Le Misanthrope*. ■

Rire ou sourire dans la comédie classique ?

La méfiance des classiques envers le rire

Il paraît aujourd'hui naturel d'associer la comédie au rire. Cela ne va pourtant pas de soi à l'âge classique, tant le rire est suspect pour les élites cultivées. Les mêmes qui louent Molière d'avoir donné ses lettres de noblesse à la comédie lui reprochent de continuer à cultiver la bouffonnerie : « Dans ce sac ridicule où Scapin s'enveloppe, / Je ne reconnais plus l'auteur du *Misanthrope* », se plaint son ami Boileau.

À une époque qui entend affiner toutes les formes d'expression, le rire spontané est condamné à plus d'un titre. Émanation du peuple, il est taxé de vulgarité ; étranger à la raison et à la mesure, il ramènerait l'homme à sa part animale ; contraire à la sympathie, il manifesterait un sentiment (diabolique ?) d'orgueilleuse supériorité.

« Le rire, condamné par les élites. »

À ce comique « bas », les élites opposent un comique spirituel, fondé sur l'intelligence et la raison. *Le Misanthrope* comble cette attente. « On y ri[t] moins haut », certes, mais ses effets « font continuellement rire dans l'âme », estime Donneau de Visé, qui loue Molière d'y amuser « les honnêtes gens sans dire des plaisanteries fades et basses » comme habituellement dans les comédies.

1610 LOUIS XIII 1643 RÉGENCE 1661 LOUIS XIV

- 1622 Naissance de Molière
- 1629 Fondation de la Compagnie du Saint-Sacrement
- 1637 Querelle du *Cid*, tragi-comédie de Corneille
- 1639 Naissance de Racine
- 1640 *Horace* (tragédie de Corneille)
- 1642 *Cinna*, *Polyeucte* (tragédies de Corneille)
- 1643 Création de l'Illustre-Théâtre
- 1663 Querelle suscitée par *L'École des femmes*
- 1664 *Tartuffe* (1re version, censurée)

contexte historique et culturel

Molière, ou le rire dans tous ses éclats

Pourtant Molière, « premier farceur du royaume », n'a jamais renoncé à provoquer ce rire bouffon, faisant alterner Alceste et Scapin au grand dam de Boileau. On retrouve même ce rire dans ses plus hautes comédies, par lesquelles il voulait imposer la dignité de son art. Parfois, c'est en guise de contrepoint : ainsi, dans *Le Misanthrope* (IV, 4), la balourdise du valet Du Bois vient alléger l'atmosphère après la scène éprouvante entre Alceste et Célimène.

Mais plus souvent, le rire farcesque est le support même de la peinture la plus sombre, comme son envers indissociable : il faut que l'époux trop crédule soit témoin, caché sous la table, de la séduction de son épouse (*Le Tartuffe*, IV, 5) pour qu'éclate l'imposture du faux dévot.

C'est bien ce mélange inédit qui avait choqué dans *L'École des femmes* : comment un personnage aussi grotesque qu'Arnolphe pouvait-il être également pathétique ? Comment une réflexion sur la liberté des jeunes filles pouvait-elle passer par des sous-entendus grivois ?

> *« Molière, "premier farceur du royaume". »*

D'autres fois, faisant souffler sur la scène un vent de folie absurde, le rire moliéresque manifeste la perte du réel qui affecte ses personnages monomaniaques : courant après son voleur, Harpagon saisit un bras qui n'est

1665 *Dom Juan*

1666 *Le Misanthrope*

1667 *Andromaque* (tragédie de Racine)

1668 *George Dandin ; L'Avare*

1669 *Tartuffe* (3e version, autorisée)

1670 *Le Bourgeois gentilhomme*

1670 *Bérénice* (tragédie de Racine)

1673 Molière meurt après la 4e représentation du *Malade imaginaire*.

1715

autre que le sien ; tout à leur délire obsessionnel, le bourgeois gentilhomme et le malade imaginaire se laissent entraîner dans des cérémonies carnavalesques et délirantes.

Éclatement et mutations du rire au XVIIIe siècle

Cette unité du rire moliéresque éclate au XVIIIe siècle. Les parades du théâtre de la Foire offrent un rire libre et vigoureux, souvent obscène, qui n'attire pas seulement le public populaire : la noblesse aime ce rire canaille et en commande pour ses scènes privées ; Beaumarchais en composera cinq au début de sa carrière dramatique. Un autre rire se fait entendre, grinçant jusqu'au cynisme parfois, avec les comédies satiriques, qui se développent à mesure que la société se fissure : le règne de l'argent corrupteur suscite une verve d'autant plus acerbe qu'elle est sans illusion (*Turcaret* de Lesage, 1709). À côté de la satire des mœurs, la satire politique n'est pas en reste d'agressivité : dans *Les Philosophes* (1760), Palissot ridiculise les Encyclopédistes.

À l'autre pôle, suscitant le sourire plus que le rire, Marivaux analyse avec un brio raffiné les contradictions entre la passion naissante et l'amour-propre (*Le Jeu de l'amour et du hasard*, 1730). Quant à la « comédie moralisante » (*Le Glorieux* de Destouches, 1732), elle prétend prolonger la comédie de mœurs et de caractère de Molière, mais ne fait plus rire ! C'est que l'observation plaisante a cédé le pas au souci vertueux d'édifier. Disciple de Rousseau, Mercier rêve en 1773 d'un théâtre comique où « il n'y aurait d'autre ridicule que la méchanceté ». Le rire, impur et ambigu, ne semble plus de saison dans la comédie.

À la fin du siècle, Beaumarchais entendra « ramener au théâtre l'ancienne et franche gaieté », contre les censeurs moroses, mais ses deux chefs-d'œuvre, *Le Barbier de Séville* (1775) et *Le Mariage de Figaro* (1784), seront sans postérité. ■

*« Rien n'est plus drôle que le malheur. […]
C'est la chose la plus comique du monde. »*

S. Beckett

Lire…

Le Misanthrope

1666

Molière

Comédie
Texte intégral

Comédie représentée pour la première fois le quinzième février 1665, sur le théâtre de la Salle du Palais-Royal par la Troupe de Monsieur, Frère Unique du Roi.

Les personnages

ALCESTE, amant* de Célimène.

PHILINTE, ami d'Alceste.

ORONTE, amant de Célimène.

CÉLIMÈNE, amante d'Alceste.

ÉLIANTE, cousine de Célimène.

ARSINOÉ, amie de Célimène.

ACASTE, marquis.

CLITANDRE, marquis.

BASQUE, valet de Célimène.

UN GARDE DE LA MARÉCHAUSSÉE DE FRANCE.

DU BOIS, valet d'Alceste.

La scène est à Paris.

* Amoureux déclaré (en général payé de retour).

Scène 1

PHILINTE, ALCESTE

PHILINTE
Qu'est-ce donc ? Qu'avez-vous ?

ALCESTE, *assis.*
Laissez-moi, je vous prie.

PHILINTE
Mais encor dites-moi quelle bizarrerie…

ALCESTE
Laissez-moi là, vous dis-je, et courez vous cacher.

PHILINTE
Mais on entend[1] les gens, au moins, sans se fâcher.

ALCESTE
Moi, je veux me fâcher, et ne veux point entendre.

PHILINTE
Dans vos brusques chagrins[2] je ne puis vous comprendre,
Et quoique amis enfin, je suis tout des premiers…

ALCESTE, *se levant brusquement.*
Moi, votre ami ? Rayez cela de vos papiers.
J'ai fait jusques ici profession de[3] l'être ;
Mais après ce qu'en vous je viens de voir paraître,
Je vous déclare net que je ne le suis plus,
Et ne veux nulle place en des cœurs corrompus.

1. On écoute.
2. Irritations.
3. J'ai jusqu'à maintenant déclaré.

PHILINTE
Je suis donc bien coupable, Alceste, à votre compte ?

ALCESTE
Allez, vous devriez mourir de pure honte ;
Une telle action ne saurait s'excuser,
Et tout homme d'honneur s'en doit scandaliser.
Je vous vois accabler un homme de caresses[1],
Et témoigner pour lui les dernières[2] tendresses ;
De protestations[3], d'offres et de serments,
Vous chargez la fureur de vos embrassements[4] ;
Et quand je vous demande après quel est cet homme,
À peine pouvez-vous dire comme il se nomme ;
Votre chaleur pour lui tombe en vous séparant,
Et vous me le traitez, à moi, d'indifférent.
Morbleu ! c'est une chose indigne, lâche, infâme,
De s'abaisser ainsi jusqu'à trahir son âme ;
Et si, par un malheur, j'en avais fait autant,
Je m'irais, de regret, pendre tout à l'instant.

PHILINTE
Je ne vois pas, pour moi, que le cas soit pendable,
Et je vous supplierai d'avoir pour agréable[5]
Que je me fasse un peu grâce sur votre arrêt[6],
Et ne me pende pas pour cela, s'il vous plaît.

ALCESTE
Que la plaisanterie est de mauvaise grâce !

PHILINTE
Mais, sérieusement, que voulez-vous qu'on fasse ?

Jurons

Dans son effort pour policer les mœurs et le langage, le XVIIe siècle s'attacha à atténuer les jurons, en remplaçant le nom de Dieu par la syllabe « bleu ». « Mort de Dieu » devint ainsi *Morbleu*, abondamment proféré par Alceste. Moins violent, *parbleu* se rencontre plutôt chez les petits marquis. On trouve encore *têtebleu* et par la *sangbleu*, expressions au genre féminin qui est un euphémisme supplémentaire. ■

1. D'amabilités.
2. Les plus extrêmes.
3. Promesses.
4. Vous augmentez vos étreintes déjà excessives.
5. D'accepter de bon cœur.
6. Que j'échappe à votre condamnation.

ALCESTE

Je veux qu'on soit sincère, et qu'en homme d'honneur,
On ne lâche aucun mot qui ne parte du cœur.

PHILINTE

Lorsqu'un homme vous vient embrasser avec joie,
Il faut bien le payer de la même monnoie[7],
Répondre, comme on peut, à ses empressements,
Et rendre offre pour offre, et serments pour serments.

ALCESTE

Non, je ne puis souffrir cette lâche méthode
Qu'affectent la plupart de vos gens à la mode ;
Et je ne hais rien tant que les contorsions
De tous ces grands faiseurs de protestations,
Ces affables[8] donneurs d'embrassades frivoles,
Ces obligeants diseurs d'inutiles paroles,
Qui de civilités[9] avec tous font combat,
Et traitent du même air l'honnête homme et le fat[10].
Quel avantage a-t-on qu'un homme vous caresse[11],
Vous jure amitié, foi, zèle, estime, tendresse,
Et vous fasse de vous un éloge éclatant,
Lorsque au premier faquin[12] il court en faire autant ?
Non, non, il n'est point d'âme un peu bien située[13]
Qui veuille d'une estime ainsi prostituée ;
Et la plus glorieuse[14] a des régals peu chers[15],
Dès qu'on voit qu'on nous mêle avec tout l'univers :
Sur quelque préférence une estime se fonde,
Et c'est n'estimer rien qu'estimer tout le monde.
Puisque vous y donnez, dans ces vices du temps,
Morbleu ! vous n'êtes pas pour être de mes gens[16] ;

7. Monnaie.
8. Aimables.
9. Politesses.
10. Le sot prétentieux.
11. Soit aimable avec vous.
12. Vaurien.
13. D'âme un peu fière.
14. L'âme la plus orgueilleuse.
15. Des plaisirs dérisoires.
16. Vous n'êtes pas fait pour être mon ami.

Je refuse d'un cœur la vaste complaisance
Qui ne fait de mérite aucune différence;
Je veux qu'on me distingue; et pour le trancher net[1],
L'ami du genre humain n'est point du tout mon fait.

PHILINTE

Mais quand on est du monde, il faut bien que l'on rende
Quelques dehors civils[2] que l'usage demande.

ALCESTE

Non, vous dis-je, on devrait châtier, sans pitié,
Ce commerce[3] honteux de semblants d'amitié.
Je veux que l'on soit homme, et qu'en toute rencontre[4]
Le fond de notre cœur dans nos discours se montre,
Que ce soit lui qui parle, et que nos sentiments
Ne se masquent jamais sous de vains compliments.

PHILINTE

Il est bien des endroits où la pleine franchise
Deviendrait ridicule et serait peu permise;
Et parfois, n'en déplaise à votre austère honneur,
Il est bon de cacher ce qu'on a dans le cœur.
Serait-il à propos et de la bienséance[5]
De dire à mille gens tout ce que d'eux on pense?
Et quand on a quelqu'un qu'on hait ou qui déplaît,
Lui doit-on déclarer la chose comme elle est?

ALCESTE

Oui.

PHILINTE

Quoi? vous iriez dire à la vieille Émilie

1. Pour le dire avec force.
2. Politesses.
3. Cet échange.
4. Circonstance.
5. De bon goût.

Qu'à son âge il sied mal de faire la jolie,
Et que le blanc[6] qu'elle a scandalise chacun ?

ALCESTE
Sans doute.

PHILINTE
À Dorilas, qu'il est trop importun[7],
Et qu'il n'est, à la cour, oreille qu'il ne lasse
À conter sa bravoure et l'éclat de sa race[8] ?

ALCESTE
Fort bien.

PHILINTE
Vous vous moquez.

ALCESTE
Je ne me moque point,
Et je vais n'épargner personne sur ce point.
Mes yeux sont trop blessés, et la cour et la ville
Ne m'offrent rien qu'objets à m'échauffer la bile[9] :
J'entre en une humeur noire, et un chagrin[10] profond,
Quand je vois vivre entre eux les hommes comme ils font ;
Je ne trouve partout que lâche flatterie,
Qu'injustice, intérêt, trahison, fourberie ;
Je n'y puis plus tenir, j'enrage, et mon dessein
Est de rompre en visière à[11] tout le genre humain.

PHILINTE
Ce chagrin philosophe est un peu trop sauvage,
Je ris des noirs accès où je vous envisage,

6. Maquillage.
7. Pénible.
8. Famille.
9. Que prétextes à me mettre en colère.
10. Mauvaise humeur.
11. Attaquer de front.

Molière par lui-même

L'École des maris est une comédie de Molière, créée cinq ans plus tôt (1661). Elle s'ouvre elle aussi sur une querelle entre deux proches, deux frères que tout oppose, et notamment leur idée de la liberté laissée aux jeunes filles. Dans sa dernière pièce, *Le Malade imaginaire* (1673), Molière fera une autre allusion à son propre théâtre : pour le guérir de sa folie, Béralde propose à son frère Argan de le mener à « une des comédies de Molière ». Peine perdue : Argan s'emporte contre cet « impertinent » auteur qu'il souhaite voir « creve[r] » (III, 3) ! ■

Et crois voir en nous deux, sous mêmes soins nourris[1],
Ces deux frères que peint *L'École des maris*,
Dont…

ALCESTE

Mon Dieu ! laissons là vos comparaisons fades.

PHILINTE

Non : tout de bon, quittez toutes ces incartades[2].
Le monde par vos soins ne se changera pas ;
Et puisque la franchise a pour vous tant d'appas[3],
Je vous dirai tout franc que cette maladie,
Partout où vous allez, donne la comédie[4],
Et qu'un si grand courroux[5] contre les mœurs du temps
Vous tourne en ridicule auprès de bien des gens.

ALCESTE

Tant mieux, morbleu ! tant mieux, c'est ce que je demande,
Ce m'est un fort bon signe, et ma joie en est grande :
Tous les hommes me sont à tel point odieux,
Que je serais fâché d'être sage à leurs yeux.

PHILINTE

Vous voulez un grand mal à la nature humaine !

ALCESTE

Oui, j'ai conçu pour elle une effroyable haine.

PHILINTE

Tous les pauvres mortels, sans nulle exception,
Seront enveloppés dans cette aversion[6] ?
Encore en est-il bien, dans le siècle où nous sommes…

1. Éduqués avec les mêmes principes.
2. Excès.
3. Tant de charmes.
4. Fait rire.
5. Colère.
6. Répulsion.

ALCESTE

Non : elle est générale, et je hais tous les hommes :
Les uns, parce qu'ils sont méchants et malfaisants,
Et les autres, pour être aux méchants complaisants[7],
Et n'avoir pas pour eux ces haines vigoureuses
Que doit donner le vice aux âmes vertueuses.
De cette complaisance on voit l'injuste excès
Pour le franc[8] scélérat avec qui j'ai procès :
Au travers de son masque on voit à plein le traître ;
Partout il est connu pour tout ce qu'il peut être ;
Et ses roulements d'yeux et son ton radouci
N'imposent qu'à[9] des gens qui ne sont point d'ici.
On sait que ce pied plat[10], digne qu'on le confonde[11],
Par de sales emplois s'est poussé dans le monde,
Et que par eux son sort de splendeur revêtu
Fait gronder[12] le mérite et rougir la vertu.
Quelques[13] titres honteux qu'en tous lieux on lui donne,
Son misérable honneur ne voit pour lui personne[14] ;
Nommez-le fourbe, infâme, et scélérat maudit,
Tout le monde en convient, et nul n'y contredit.
Cependant sa grimace[15] est partout bienvenue :
On l'accueille, on lui rit, partout il s'insinue ;
Et s'il est, par la brigue[16], un rang à disputer,
Sur le plus honnête homme on le voit l'emporter.
Têtebleu[17] ! ce me sont de mortelles blessures,
De voir qu'avec le vice on garde des mesures[18] ;
Et parfois il me prend des mouvements soudains
De fuir dans un désert[19] l'approche des humains.

PHILINTE

Mon Dieu, des mœurs du temps mettons nous moins en peine,

7. Parce qu'ils sont indulgents pour les méchants.
8. Véritable.
9. Ne trompent que.
10. Rustre.
11. Démasque.
12. Fait s'indigner ; choque.
13. Quels que soient les titres.
14. Ne voit personne en sa faveur.
15. Son hypocrisie.
16. Par les intrigues.
17. Juron (voir encart p. 14).
18. On prend des précautions.
19. Un lieu retiré.

Et faisons un peu grâce à la nature humaine;
Ne l'examinons point dans la grande rigueur,
Et voyons ses défauts avec quelque douceur.
Il faut, parmi le monde, une vertu traitable[1];
À force de sagesse, on peut être blâmable;
La parfaite raison fuit toute extrémité,
Et veut que l'on soit sage avec sobriété[2].
Cette grande raideur des vertus des vieux âges[3]
Heurte trop notre siècle et les communs usages[4];
Elle veut aux mortels trop de perfection :
Il faut fléchir au temps[5] sans obstination;
Et c'est une folie à nulle autre seconde[6]
De vouloir se mêler de corriger le monde.
J'observe, comme vous, cent choses tous les jours,
Qui pourraient mieux aller, prenant[7] un autre cours;
Mais quoi qu'à chaque pas je puisse voir paraître,
En courroux, comme vous, on ne me voit point être;
Je prends tout doucement les hommes comme ils sont,
J'accoutume mon âme à souffrir[8] ce qu'ils font;
Et je crois qu'à la cour, de même qu'à la ville,
Mon flegme[9] est philosophe autant que votre bile.

ALCESTE

Mais ce flegme, Monsieur, qui raisonne si bien,
Ce flegme pourra-t-il ne s'échauffer de rien?
Et s'il faut[10], par hasard, qu'un ami vous trahisse,
Que, pour avoir vos biens, on dresse un artifice[11],
Ou qu'on tâche à semer de méchants bruits de vous[12],
Verrez-vous tout cela sans vous mettre en courroux?

1. Douce; aimable.
2. Avec mesure.
3. Des anciens temps.
4. Les mœurs ordinaires.
5. S'adapter à notre temps.
6. Semblable à aucune autre.
7. Si elles prenaient.
8. Supporter.
9. Mon calme.
10. S'il arrive.
11. Un piège.
12. Qu'on s'efforce de vous calomnier.

PHILINTE

Oui, je vois ces défauts dont votre âme murmure[13]
Comme vices unis à l'humaine nature ;
Et mon esprit enfin n'est pas plus offensé[14]
De voir un homme fourbe, injuste, intéressé,
Que de voir des vautours affamés de carnage,
Des singes malfaisants, et des loups pleins de rage.

ALCESTE

Je me verrai trahir, mettre en pièces[15], voler,
Sans que je sois… Morbleu ! je ne veux point parler,
Tant ce raisonnement est plein d'impertinence[16].

PHILINTE

Ma foi ! vous ferez bien de garder le silence.
Contre votre partie[17] éclatez un peu moins,
Et donnez au procès une part de vos soins.

ALCESTE

Je n'en donnerai point, c'est une chose dite.

PHILINTE

Mais qui voulez-vous donc qui pour vous sollicite[18] ?

ALCESTE

Qui je veux ? La raison, mon bon droit, l'équité.

PHILINTE

Aucun juge par vous ne sera visité ?

ALCESTE

Non. Est-ce que ma cause est injuste ou douteuse ?

Usages de justice

Sous l'Ancien Régime, les juges n'étaient pas des fonctionnaires. Ils exerçaient une fonction privée, qu'ils achetaient à l'État : c'est ce que l'on appelle la vénalité des charges. Ils recevaient chez eux les deux parties du procès, qui les payaient à l'occasion de leur visite, et qui envoyaient aussi des amis haut placés pour intervenir en leur faveur. ■

13. Contre lesquels vous protestez.
14. Choqué.
15. Démolir.
16. D'absurdité.
17. Votre adversaire (dans le procès).
18. Qui fasse des démarches en votre faveur.

PHILINTE
J'en demeure d'accord; mais la brigue est fâcheuse[1],
Et…

ALCESTE
Non; j'ai résolu de n'en pas faire un pas.
J'ai tort, ou j'ai raison.

PHILINTE
Ne vous y fiez pas.

ALCESTE
Je ne remuerai point.

PHILINTE
Votre partie est forte,
Et peut, par sa cabale[2], entraîner…

ALCESTE
Il n'importe.

PHILINTE
Vous vous tromperez[3].

ALCESTE
Soit. J'en veux voir le succès[4].

PHILINTE
Mais…

ALCESTE
J'aurai le plaisir de perdre mon procès.

1. Le complot est dangereux.
2. Par ses manœuvres.
3. Vous serez déçu.
4. Le résultat.

PHILINTE
Mais enfin…

ALCESTE
Je verrai, dans cette plaiderie[5],
Si les hommes auront assez d'effronterie,
Seront assez méchants, scélérats et pervers,
Pour me faire injustice aux yeux de l'univers.

PHILINTE
Quel homme !

ALCESTE
Je voudrais, m'en coûtât-il grand'chose[6]
Pour la beauté du fait avoir perdu ma cause.

PHILINTE
On se rirait de vous, Alceste, tout de bon,
Si l'on vous entendait parler de la façon[7].

ALCESTE
Tant pis pour qui rirait.

PHILINTE
Mais cette rectitude
Que vous voulez en tout avec exactitude,
Cette pleine droiture, où vous vous renfermez,
La trouvez-vous ici dans ce que[8] vous aimez ?
Je m'étonne, pour moi, qu'étant, comme il le semble,
Vous et le genre humain si fort brouillés ensemble,
Malgré tout ce qui peut vous le rendre odieux,
Vous ayez pris chez lui ce qui charme vos yeux ;

5. Procès (nuance péjorative).
6. Même s'il m'en coûtait beaucoup.
7. De cette façon.
8. Celle que.

Et ce qui me surprend encore davantage,
C'est cet étrange choix où votre cœur s'engage.
La sincère Éliante a du penchant pour vous,
La prude[1] Arsinoé vous voit d'un œil fort doux :
Cependant à leurs vœux votre âme se refuse,
Tandis qu'en ses liens Célimène l'amuse[2],
De qui[3] l'humeur coquette et l'esprit médisant
Semble si fort donner dans[4] les mœurs d'à présent.
D'où vient que, leur portant une haine mortelle,
Vous pouvez bien souffrir ce qu'en tient cette belle ?
Ne sont-ce plus défauts dans un objet[5] si doux ?
Ne les voyez-vous pas ? ou les excusez-vous ?

ALCESTE

Non, l'amour que je sens pour cette jeune veuve
Ne ferme point mes yeux aux défauts qu'on lui treuve[6],
Et je suis, quelque ardeur qu'elle m'ait pu donner,
Le premier à les voir, comme à les condamner.
Mais, avec tout cela, quoi que je puisse faire,
Je confesse mon faible[7], elle a l'art de me plaire :
J'ai beau voir ses défauts, et j'ai beau l'en blâmer,
En dépit qu'on en ait[8], elle se fait aimer ;
Sa grâce est la plus forte ; et sans doute[9] ma flamme
De ces vices du temps pourra purger[10] son âme.

PHILINTE

Si vous faites cela, vous ne ferez pas peu.
Vous croyez être donc aimé d'elle ?

ALCESTE

Oui, parbleu !
Je ne l'aimerais pas, si je ne croyais l'être.

1. Vertueuse avec sévérité.
2. Lui fait perdre son temps.
3. Elle dont.
4. Semblent si fort portés vers.
5. Un objet d'affection (= Célimène).
6. Trouve.
7. Ma faiblesse.
8. Malgré soi.
9. Sans aucun doute.
10. Purifier, débarrasser.

PHILINTE
Mais si son amitié pour vous se fait paraître,
D'où vient que vos rivaux vous causent de l'ennui[11] ?

ALCESTE
C'est qu'un cœur bien atteint veut qu'on soit tout à lui,
Et je ne viens ici qu'à dessein de lui[12] dire
Tout ce que là-dessus ma passion m'inspire.

PHILINTE
Pour moi, si je n'avais qu'à former des désirs,
La cousine Éliante aurait tous mes soupirs ;
Son cœur, qui vous estime, est solide et sincère,
Et ce choix plus conforme[13] était[14] mieux votre affaire.

ALCESTE
Il est vrai : ma raison me le dit chaque jour ;
Mais la raison n'est pas ce qui règle l'amour.

PHILINTE
Je crains fort pour vos feux ; et l'espoir où vous êtes
Pourrait…

Scène 2

ORONTE, ALCESTE, PHILINTE

ORONTE, *à Alceste.*
J'ai su là-bas[15] que, pour quelques emplettes[16],
Éliante est sortie, et Célimène aussi ;

11. Du chagrin.
12. Que pour dire à Célimène.
13. Plus accordé à votre caractère.
14. Aurait été.
15. En bas (au rez-de-chaussée de la maison de Célimène).
16. Achats.

Mais comme l'on m'a dit que vous étiez ici,
J'ai monté[1] pour vous dire, et d'un cœur véritable,
Que j'ai conçu pour vous une estime incroyable,
Et que, depuis longtemps, cette estime m'a mis
Dans un ardent désir d'être de vos amis.
Oui, mon cœur au mérite aime à rendre justice,
Et je brûle qu'un nœud d'amitié nous unisse :
Je crois qu'un ami chaud[2], et de ma qualité[3],
N'est pas assurément pour[4] être rejeté.
(En cet endroit Alceste paraît tout rêveur, et semble n'entendre pas qu'Oronte lui parle.)
C'est à vous, s'il vous plaît, que ce discours s'adresse.

ALCESTE
À moi, Monsieur ?

ORONTE
À vous. Trouvez-vous qu'il vous blesse ?

ALCESTE
Non pas ; mais la surprise est fort grande pour moi,
Et je n'attendais pas l'honneur que je reçoi[5].

ORONTE
L'estime où je vous tiens ne doit point vous surprendre,
Et de tout l'univers vous la pouvez prétendre[6].

ALCESTE
Monsieur…

ORONTE
L'État n'a rien qui ne soit au-dessous
Du mérite éclatant que l'on découvre en vous.

1. Je suis monté.
2. Chaleureux.
3. Noble comme moi.
4. Ne doit pas.
5. Reçois (graphie pour la rime).
6. Vous pouvez la revendiquer.

ALCESTE

Monsieur…

ORONTE

Oui, de ma part[7], je vous tiens[8] préférable
À tout ce que j'y vois de plus considérable.

ALCESTE

Monsieur…

ORONTE

Sois-je du ciel écrasé, si je mens !
Et pour vous confirmer ici mes sentiments,
Souffrez qu'à cœur ouvert, Monsieur, je vous embrasse[9],
Et qu'en votre amitié je vous demande place.
Touchez là[10], s'il vous plaît. Vous me la promettez,
Votre amitié ?

ALCESTE

Monsieur…

ORONTE

Quoi ? vous y résistez ?

ALCESTE

Monsieur, c'est trop d'honneur que vous me voulez faire ;
Mais l'amitié demande un peu plus de mystère,
Et c'est assurément en profaner[11] le nom
Que de vouloir le mettre à toute occasion.
Avec lumière et choix cette union veut naître ;
Avant que[12] nous lier, il faut nous mieux connaître ;
Et nous pourrions avoir telles complexions[13],
Que tous deux du marché nous nous repentirions.

7. Pour ma part.
8. Je vous trouve.
9. Je vous serre dans mes bras.
10. Donnez-moi la main (en signe d'amitié).
11. Salir.
12. Avant de.
13. Tels tempéraments.

ORONTE

Parbleu ? c'est là-dessus parler en homme sage,
Et je vous en estime encore davantage :
Souffrons donc que le temps forme des nœuds si doux ;
Mais, cependant[1], je m'offre entièrement à vous ;
S'il faut faire à la cour pour vous quelque ouverture,
On sait qu'auprès du Roi je fais quelque figure[2] ;
Il m'écoute ; et dans tout, il en use, ma foi !
Le plus honnêtement du monde avecque[3] moi.
Enfin je suis à vous de toutes les manières ;
Et comme votre esprit a de grandes lumières,
Je viens, pour commencer entre nous ce beau nœud,
Vous montrer un sonnet que j'ai fait depuis peu,
Et savoir s'il est bon qu'au public je l'expose.

ALCESTE

Monsieur, je suis mal propre à[4] décider la chose ;
Veuillez m'en dispenser.

ORONTE

Pourquoi ?

ALCESTE

J'ai le défaut
D'être un peu plus sincère en cela qu'il ne faut.

ORONTE

C'est ce que je demande, et j'aurais lieu de plainte,
Si, m'exposant[5] à vous pour me parler sans feinte,
Vous alliez me trahir, et me déguiser rien[6].

ALCESTE

Puisqu'il vous plaît ainsi, Monsieur, je le veux bien.

1. En attendant.
2. J'ai de l'influence.
3. Avec.
4. Je suis mal placé pour.
5. Alors que je me dévoile.
6. Me dissimuler quoi que ce soit.

ORONTE

Sonnet… C'est un sonnet. *L'espoir*… C'est une dame
Qui de quelque espérance avait flatté ma flamme.
L'espoir… Ce ne sont point de ces grands vers pompeux[7],
Mais de petits vers doux, tendres et langoureux.
(À toutes ces interruptions il regarde Alceste.)

ALCESTE

Nous verrons bien.

ORONTE

L'espoir… Je ne sais si le style
Pourra vous en paraître assez net et facile,
Et si du choix des mots vous vous contenterez.

ALCESTE

Nous allons voir, Monsieur.

ORONTE

Au reste, vous saurez
Que je n'ai demeuré qu'un quart d'heure à le faire.

ALCESTE

Voyons, Monsieur ; le temps ne fait rien à l'affaire.

ORONTE *lit.*

L'espoir, il est vrai, nous soulage,
Et nous berce un temps notre ennui ;
Mais, Philis, le triste avantage,
Lorsque rien ne marche après lui !

PHILINTE

Je suis déjà charmé de ce petit morceau.

Le sonnet

Importé d'Italie au XVIe s., le sonnet joue sur l'opposition ou le parallélisme entre les deux quatrains (réunis par le même jeu de rimes embrassées) et les deux tercets, dont le dernier ménage souvent une surprise, nommée la chute ou la pointe (voir vers 332). Alors que les poètes de la Renaissance lui avaient fait exprimer toute la gamme des sentiments et des expériences (des *Amours* de Ronsard aux *Regrets* de Du Bellay), la préciosité du XVIIe siècle le réduisit à un jeu mondain, brillant mais sans profondeur. ■

7. Majestueux (sans nuance péjorative).

ALCESTE, *bas, à Philinte.*
Quoi ? vous avez le front[1] de trouver cela beau ?

ORONTE
Vous eûtes de la complaisance ;
Mais vous en deviez moins avoir,
Et ne vous pas mettre en dépense
Pour ne me donner que l'espoir.

PHILINTE
Ah ! qu'en termes galants ces choses-là sont mises !

ALCESTE, *bas, à Philinte.*
Morbleu ! vil complaisant, vous louez des sottises ?

ORONTE
S'il faut qu'une attente éternelle
Pousse à bout l'ardeur de mon zèle[2],
Le trépas sera mon recours.

Vos soins[3] *ne m'en peuvent distraire*[4] *:*
Belle Philis, on désespère,
Alors qu'on espère toujours.

PHILINTE
La chute en est jolie, amoureuse, admirable.

ALCESTE, *à part.*
La peste de ta chute ! Empoisonneur au diable,
En eusses-tu fait une[5] à te casser le nez !

PHILINTE
Je n'ai jamais ouï de vers si bien tournés.

1. L'audace.
2. Mon adoration.
3. Les attentions que j'ai pour vous.
4. Détourner.
5. Ah ! si seulement tu en avais fait une.

ALCESTE, *à part.*
Morbleu !...

ORONTE, *à Philinte.*
Vous me flattez, et vous croyez peut-être...

PHILINTE
Non, je ne flatte point.

ALCESTE, *à part.*
Et que fais-tu donc, traître ?

ORONTE
Mais, pour vous, vous savez quel est notre traité :
Parlez-moi, je vous prie, avec sincérité.

ALCESTE
Monsieur, cette matière est toujours délicate,
Et sur le bel esprit[6] nous aimons qu'on nous flatte.
Mais un jour, à quelqu'un, dont je tairai le nom,
Je disais, en voyant des vers de sa façon,
Qu'il faut qu'un galant homme[7] ait toujours grand empire
Sur les démangeaisons[8] qui nous prennent d'écrire ;
Qu'il doit tenir la bride[9] aux grands empressements
Qu'on a de faire éclat[10] de tels amusements ;
Et que, par la chaleur[11] de montrer ses ouvrages,
On s'expose à jouer de mauvais personnages[12].

ORONTE
Est-ce que vous voulez me déclarer par là
Que j'ai tort de vouloir... ?

6. Sur nos talents littéraires.
7. Un homme du monde.
8. Maîtrise toujours les envies.
9. Mettre un frein.
10. Tirer gloire.
11. Par le vif désir.
12. On risque de jouer un vilain rôle.

ALCESTE

Je ne dis pas cela.
Mais je lui disais, moi, qu'un froid écrit assomme,
Qu'il ne faut que ce faible à décrier[1] un homme,
Et qu'eût-on[2], d'autre part, cent belles qualités,
On regarde les gens par leurs méchants côtés.

ORONTE

Est-ce qu'à mon sonnet vous trouvez à redire ?

ALCESTE

Je ne dis pas cela ; mais, pour ne point écrire[3],
Je lui mettais aux yeux comme, dans notre temps,
Cette soif a gâté de fort honnêtes gens.

ORONTE

Est-ce que j'écris mal ? et leur ressemblerais-je ?

ALCESTE

Je ne dis pas cela ; mais enfin, lui disais-je,
Quel besoin si pressant avez-vous de rimer ?
Et qui diantre vous pousse à vous faire imprimer ?
Si l'on peut pardonner l'essor[4] d'un mauvais livre,
Ce n'est qu'aux malheureux qui composent pour vivre.
Croyez-moi, résistez à vos tentations,
Dérobez au public ces occupations ;
Et n'allez point quitter, de quoi que l'on vous somme[5],
Le nom que dans la cour vous avez d'honnête homme,
Pour prendre, de la main d'un avide imprimeur,
Celui de ridicule et misérable auteur.
C'est ce que je tâchai de lui faire comprendre.

1. Qu'il suffit de ce défaut pour dénigrer.
2. Et même si l'on avait.
3. Pour l'empêcher d'écrire.
4. La publication.
5. Même si on vous en supplie.

ORONTE

Voilà qui va fort bien, et je crois vous entendre.
Mais ne puis-je savoir ce que dans mon sonnet… ?

ALCESTE

Franchement, il est bon à mettre au cabinet[6].
Vous vous êtes réglé sur de méchants[7] modèles,
Et vos expressions ne sont point naturelles.
Qu'est-ce que *Nous berce un temps notre ennui ?*
Et que *Rien ne marche après lui ?*
Que *Ne vous pas mettre en dépense,*
Pour ne me donner que l'espoir ?
Et que *Philis, on désespère,*
Alors qu'on espère toujours ?
Ce style figuré, dont on fait vanité[8],
Sort du bon caractère[9] et de la vérité :
Ce n'est que jeu de mots, qu'affectation pure,
Et ce n'est point ainsi que parle la nature.
Le méchant goût du siècle, en cela, me fait peur.
Nos pères, tous grossiers[10], l'avaient beaucoup meilleur,
Et je prise[11] bien moins tout ce que l'on admire,
Qu'une vieille chanson que je m'en vais vous dire :

Si le Roi m'avait donné
Paris, sa grand'ville,
Et qu'il me fallût quitter
L'amour de ma mie,
Je dirais au roi Henri :
« Reprenez votre Paris :
J'aime mieux ma mie, au gué !
J'aime mieux ma mie. »

6. Meuble de bureau à tiroirs, sorte de secrétaire. Mais le mot désignait aussi, déjà, les toilettes…
7. Mauvais.
8. Dont on est fier.
9. Abandonne le naturel.
10. Bien que peu cultivés.
11. J'estime.

La rime n'est pas riche, et le style en est vieux :
Mais ne voyez-vous pas que cela vaut bien mieux
Que ces colifichets[1], dont le bon sens murmure[2],
Et que la passion parle là toute pure ?

Si le Roi m'avait donné
Paris ; sa grand'ville,
Et qu'il me fallût quitter
L'amour de ma mie,
Je dirais au roi Henri :
« Reprenez votre Paris :
J'aime mieux ma mie, au gué !
J'aime mieux ma mie. »

Voilà ce que peut dire un cœur vraiment épris.
(À Philinte qui rit.)
Oui, Monsieur le rieur, malgré vos beaux esprits,
J'estime plus cela que la pompe fleurie[3]
De tous ces faux brillants, où chacun se récrie[4].

ORONTE
Et moi, je vous soutiens que mes vers sont fort bons.

ALCESTE
Pour les trouver ainsi vous avez vos raisons ;
Mais vous trouverez bon que j'en puisse avoir d'autres,
Qui se dispenseront de se soumettre aux vôtres.

ORONTE
Il me suffit de voir que d'autres en font cas.

ALCESTE
C'est qu'ils ont l'art de feindre ; et moi, je ne l'ai pas.

1. Ornements sans valeur, souvent de mauvais goût.
2. Contre lesquels le bon sens proteste.
3. L'éloquence précieuse.
4. Devant lesquels chacun pousse des cris d'admiration.

ORONTE
Croyez-vous donc avoir tant d'esprit en partage ?

ALCESTE
Si je louais vos vers, j'en aurais davantage.

ORONTE
Je me passerai bien que vous les approuviez.

ALCESTE
Il faut bien, s'il vous plaît, que vous vous en passiez.

ORONTE
Je voudrais bien, pour voir, que, de votre manière ;
Vous en composassiez sur la même matière.

ALCESTE
J'en pourrais, par malheur, faire d'aussi méchants[5] ;
Mais je me garderais de les montrer aux gens.

ORONTE
Vous me parlez bien ferme, et cette suffisance…

ALCESTE
Autre part que chez moi cherchez qui vous encense.

ORONTE
Mais, mon petit Monsieur, prenez-le un[6] peu moins haut.

ALCESTE
Ma foi ! mon grand Monsieur, je le prends comme il faut.

PHILINTE, *se mettant entre-deux.*
Eh ! Messieurs, c'en est trop ; laissez cela, de grâce.

5. Mauvais.
6. *Le* s'élide devant *un* : prononcez « l'un ».

ORONTE
Ah ! j'ai tort, je l'avoue, et je quitte la place.
Je suis votre valet, Monsieur, de tout mon cœur.

ALCESTE
Et moi, je suis, Monsieur, votre humble serviteur[1].

Scène 3

PHILINTE, ALCESTE

PHILINTE
Hé bien ! vous le voyez : pour être[2] trop sincère,
Vous voilà sur les bras une fâcheuse affaire ;
Et j'ai bien vu qu'Oronte, afin d'être flatté…

ALCESTE
Ne me parlez pas.

PHILINTE
Mais…

ALCESTE
Plus de société[3].

PHILINTE
C'est trop…

ALCESTE
Laissez-moi là.

1. Formules de politesse au moment de se quitter, ici d'une humilité ironique.
2. En étant.
3. Plus de rapports entre nous.

PHILINTE

Si je…

ALCESTE

Point de langage[4].

PHILINTE

Mais quoi… ?

ALCESTE

Je n'entends rien[5].

PHILINTE

Mais…

ALCESTE

Encore ?

PHILINTE

On outrage…

ALCESTE

Ah ! parbleu ! c'en est trop ; ne suivez point mes pas.

PHILINTE

Vous vous moquez de moi, je ne vous quitte pas.

4. Pas d'explication.
5. Je n'écoute rien.

Mise en scène de J.-P. Miquel, avec Denis Podalydès (Alceste) et Clotilde de Bayser, Paris, théâtre du Vieux-Colombier, 2000.

Scène 1

ALCESTE, CÉLIMÈNE

ALCESTE

Madame, voulez-vous que je vous parle net?
De vos façons d'agir je suis mal satisfait;
Contre elles dans mon cœur trop de bile[1] s'assemble,
Et je sens qu'il faudra que nous rompions ensemble.
Oui, je vous tromperais de parler autrement;
Tôt ou tard nous romprons indubitablement;
Et je vous promettrais mille fois le contraire,
Que je ne serais pas en pouvoir de le faire.

CÉLIMÈNE

C'est pour me quereller donc, à ce que je voi[2],
Que vous avez voulu me ramener chez moi?

ALCESTE

Je ne querelle point; mais votre humeur, Madame,
Ouvre au premier venu trop d'accès dans votre âme[3] :
Vous avez trop d'amants[4] qu'on voit vous obséder[5],
Et mon cœur de cela ne peut s'accommoder.

CÉLIMÈNE

Des amants que je fais me rendez-vous coupable?
Puis-je empêcher les gens de me trouver aimable?
Et lorsque pour me voir ils font de doux efforts,
Dois-je prendre un bâton pour les mettre dehors?

1. Colère.
2. Vois (graphie pour la rime).
3. Fait un accueil trop facile au premier venu.
4. De soupirants.
5. Assiéger, entourer.

ALCESTE

Non, ce n'est pas, Madame, un bâton qu'il faut prendre,
Mais un cœur à leurs vœux moins facile et moins tendre.
Je sais que vos appas[1] vous suivent en tous lieux ;
Mais votre accueil retient ceux qu'attirent vos yeux ;
Et sa douceur offerte à qui vous rend les armes[2]
Achève sur les cœurs l'ouvrage de vos charmes.
Le trop riant espoir que vous leur présentez
Attache autour de vous leurs assiduités ;
Et votre complaisance un peu moins étendue
De tant de soupirants chasserait la cohue.
Mais au moins dites-moi, Madame, par quel sort
Votre Clitandre a l'heur[3] de vous plaire si fort ?
Sur quel fonds de mérite et de vertu sublime
Appuyez-vous en lui l'honneur de votre estime ?
Est-ce par l'ongle long qu'il porte au petit doigt
Qu'il s'est acquis chez vous l'estime où l'on le voit ?
Vous êtes-vous rendue, avec tout le beau monde,
Au mérite éclatant de sa perruque blonde ?
Sont-ce ses grands canons[4] qui vous le font aimer ?
L'amas de ses rubans a-t-il su vous charmer ?
Est-ce par les appas de sa vaste rhingrave[5]
Qu'il a gagné votre âme en faisant votre esclave ?
Ou sa façon de rire et son ton de fausset[6]
Ont-ils de vous toucher su trouver le secret ?

CÉLIMÈNE

Qu'injustement de lui vous prenez de l'ombrage !
Ne savez-vous pas bien pourquoi je le ménage,
Et que dans mon procès, ainsi qu'il m'a promis,
Il peut intéresser tout ce qu'il a d'amis[7] ?

1. Charmes.
2. À qui s'avoue vaincu par vous.
3. Le bonheur.
4. Rubans de dentelle attachés au genou.
5. Large culotte de cheval, récemment mise à la mode.
6. Voix aiguë.
7. Il peut faire intervenir tous ses amis.

ALCESTE
Perdez votre procès, Madame, avec constance[8],
Et ne ménagez point un rival qui m'offense.

CÉLIMÈNE
Mais de tout l'univers vous devenez jaloux.

ALCESTE
C'est que tout l'univers est bien reçu de vous.

CÉLIMÈNE
C'est ce qui doit rasseoir[9] votre âme effarouchée,
Puisque ma complaisance est sur tous épanchée ;
Et vous auriez plus lieu de vous en offenser,
Si vous me la voyiez sur un seul ramasser[10].

ALCESTE
Mais moi, que vous blâmez de trop de jalousie,
Qu'ai-je de plus qu'eux tous, Madame, je vous prie ?

CÉLIMÈNE
Le bonheur de savoir que vous êtes aimé.

ALCESTE
Et quel lieu de le croire a mon cœur enflammé ?

CÉLIMÈNE
Je pense qu'ayant pris le soin de vous le dire,
Un aveu de la sorte a de quoi vous suffire.

ALCESTE
Mais qui[11] m'assurera que, dans le même instant,
Vous n'en disiez peut-être aux autres tout autant ?

8. Sans vous en émouvoir.
9. Rassurer.
10. Concentrer.
11. Qu'est-ce qui.

CÉLIMÈNE

Certes, pour un amant[1], la fleurette[2] est mignonne,
Et vous me traitez là de gentille personne.
Hé bien ! pour vous ôter d'un semblable souci,
De tout ce que j'ai dit je me dédis ici,
Et rien ne saurait plus vous tromper que vous-même :
Soyez content.

ALCESTE

Morbleu ! faut-il que je vous aime !
Ah ! que si de vos mains je rattrape mon cœur,
Je bénirai le Ciel de ce rare bonheur !
Je ne le cèle pas[3], je fais tout mon possible
À rompre de ce cœur l'attachement terrible ;
Mais mes plus grands efforts n'ont rien fait jusqu'ici,
Et c'est pour[4] mes péchés que je vous aime ainsi.

CÉLIMÈNE

Il est vrai, votre ardeur est pour moi sans seconde[5].

ALCESTE

Oui, je puis là-dessus défier tout le monde.
Mon amour ne se peut concevoir, et jamais
Personne n'a, Madame, aimé comme je fais.

CÉLIMÈNE

En effet, la méthode en est toute nouvelle,
Car vous aimez les gens pour leur faire querelle ;
Ce n'est qu'en mots fâcheux qu'éclate votre ardeur,
Et l'on n'a vu jamais un amour si grondeur.

1. Un soupirant.
2. Compliment galant.
3. Je ne le cache pas.
4. Pour me punir de.
5. Sans pareille.

ALCESTE
Mais il ne tient qu'à vous que son chagrin ne passe.
À tous nos démêlés coupons chemin[6], de grâce,
Parlons à cœur ouvert, et voyons d'arrêter…

Scène 2

CÉLIMÈNE, ALCESTE, BASQUE

CÉLIMÈNE
Qu'est-ce ?

BASQUE
Acaste est là-bas[7].

CÉLIMÈNE
Hé bien ! faites monter[8].

ALCESTE
Quoi ? l'on ne peut jamais vous parler tête à tête ?
À recevoir le monde on vous voit toujours prête ?
Et vous ne pouvez pas, un seul moment de tous,
Vous résoudre à souffrir de n'être pas chez vous[9] ?

CÉLIMÈNE
Voulez-vous qu'avec lui je me fasse une affaire[10] ?

ALCESTE
Vous avez des regards[11] qui ne sauraient me plaire.

6. Mettons fin.
7. En bas.
8. Basque sort après cette réplique.
9. À accepter de dire que vous n'êtes pas chez vous.
10. Je me brouille.
11. Des égards.

CÉLIMÈNE

C'est un homme à jamais ne me le pardonner,
S'il savait que sa vue eût pu m'importuner.

ALCESTE

Et que vous fait cela, pour vous gêner de sorte… ?

CÉLIMÈNE

Mon Dieu ! de ses pareils la bienveillance importe ;
Et ce sont de ces gens qui, je ne sais comment,
Ont gagné dans la cour de parler hautement[1].
Dans tous les entretiens on les voit s'introduire ;
Ils ne sauraient servir, mais ils peuvent vous nuire ;
Et jamais, quelque appui qu'on puisse avoir d'ailleurs,
On ne doit se brouiller avec ces grands brailleurs.

ALCESTE

Enfin, quoi qu'il en soit, et sur quoi qu'on se fonde,
Vous trouvez des raisons pour souffrir[2] tout le monde ;
Et les précautions de votre jugement…

Scène 3

BASQUE, ALCESTE, CÉLIMÈNE

BASQUE

Voici Clitandre encor, Madame.

ALCESTE. *Il témoigne s'en vouloir aller[3].*

Justement[4].

1. Le droit de parler avec force.
2. Supporter.
3. Il montre qu'il veut partir.
4. Je m'y attendais.

CÉLIMÈNE

Où courez-vous ?

ALCESTE

Je sors.

CÉLIMÈNE

Demeurez.

ALCESTE

Pourquoi faire ?

CÉLIMÈNE

Demeurez.

ALCESTE

Je ne puis.

CÉLIMÈNE

Je le veux.

ALCESTE

Point d'affaire[5].
Ces conversations ne font que m'ennuyer,
Et c'est trop que vouloir me les faire essuyer[6].

CÉLIMÈNE

Je le veux, je le veux.

ALCESTE

Non, il m'est impossible.

CÉLIMÈNE

Hé bien ! allez, sortez, il vous est tout loisible[7].

5. C'est inutile.
6. Subir.
7. Vous en avez le droit.

Scène 4

ÉLIANTE, PHILINTE, ACASTE, CLITANDRE, ALCESTE, CÉLIMÈNE, BASQUE

ÉLIANTE, *à Célimène.*
Voici les deux marquis qui montent avec nous :
Vous l'est-on venu dire ?

CÉLIMÈNE
Oui. Des sièges pour tous[1].
(À Alceste.)
Vous n'êtes pas sorti ?

ALCESTE
Non ; mais je veux, Madame,
Ou pour eux, ou pour moi, faire expliquer votre âme[2].

CÉLIMÈNE
Taisez-vous.

ALCESTE
Aujourd'hui vous vous expliquerez.

CÉLIMÈNE
Vous perdez le sens[3].

ALCESTE
Point. Vous vous déclarerez.

CÉLIMÈNE
Ah !

1. Cet ordre s'adresse à Basque.
2. Vous faire éclaircir vos sentiments.
3. La raison.

ALCESTE

Vous prendrez parti.

CÉLIMÈNE

Vous vous moquez, je pense.

ALCESTE

Non ; mais vous choisirez ; c'est trop de patience.

CLITANDRE

Parbleu ! je viens du Louvre, où Cléonte, au levé,
Madame, a bien paru ridicule achevé[4].
N'a-t-il point quelque ami qui pût, sur ses manières,
D'un charitable avis lui prêter les lumières[5] ?

CÉLIMÈNE

Dans le monde, à vrai dire, il se barbouille[6] fort,
Partout il porte un air qui saute aux yeux d'abord[7] ;
Et lorsqu'on le revoit après un peu d'absence,
On le retrouve encor plus plein d'extravagance.

ACASTE

Parbleu ! s'il faut parler de gens extravagants,
Je viens d'en essuyer un des plus fatigants :
Damon, le raisonneur[8], qui m'a, ne vous déplaise,
Une heure, au grand soleil, tenu hors de ma chaise[9].

CÉLIMÈNE

C'est un parleur étrange, et qui trouve toujours
L'art de ne vous rien dire avec de grands discours ;
Dans les propos qu'il tient, on ne voit jamais goutte[10],
Et ce n'est que du bruit que tout ce qu'on écoute.

Cérémonies royales

Depuis la fin du XVIe siècle, le *levé* (ou *lever*) et le *couché* (ou *coucher*) du roi se faisaient en public. Pour accentuer son emprise sur la noblesse, Louis XIV accentua la solennité de ce cérémonial quotidien : y être admis était une faveur recherchée. Au levé, les courtisans, entrés par ordre hiérarchique dans l'appartement royal, assistaient à une partie de la toilette du souverain et à son déjeuner. ■

4. Complètement ridicule.
5. L'éclairer.
6. Se ridiculise.
7. Dès qu'on le voit.
8. Le bavard.
9. Retenu hors de ma chaise à porteurs.
10. On ne comprend jamais rien.

ÉLIANTE, *à Philinte.*
Ce début n'est pas mal; et contre le prochain
La conversation prend un assez bon train.

CLITANDRE
Timante encor, Madame, est un bon caractère[1].

CÉLIMÈNE
C'est de la tête aux pieds un homme tout mystère,
Qui vous jette en passant un coup d'œil égaré,
Et, sans aucune affaire, est toujours affairé.
Tout ce qu'il vous débite en grimaces abonde;
À force de façons[2], il assomme le monde;
Sans cesse, il a, tout bas, pour rompre l'entretien
Un secret à vous dire, et ce secret n'est rien;
De la moindre vétille[3] il fait une merveille,
Et jusques au bonjour, il dit tout à l'oreille.

ACASTE
Et Géralde, Madame?

CÉLIMÈNE
Ô l'ennuyeux conteur!
Jamais on ne le voit sortir du grand seigneur[4];
Dans le brillant commerce[5] il se mêle sans cesse,
Et ne cite jamais que duc, prince ou princesse :
La qualité[6] l'entête; et tous ses entretiens
Ne sont que de chevaux, d'équipage[7] et de chiens;
Il tutaye[8] en parlant ceux du plus haut étage[9],
Et le nom de Monsieur est chez lui hors d'usage.

CLITANDRE
On dit qu'avec Bélise il est du dernier bien[10].

1. Une personnalité originale.
2. Manières artificielles.
3. Bagatelle, chose insignifiante.
4. Parler d'autre chose que de grands seigneurs.
5. Dans les brillantes relations sociales.
6. La noblesse.
7. De valets (ici pour la chasse).
8. Tutoie.
9. Du plus haut rang.
10. Il est très intime.

CÉLIMÈNE

Le pauvre esprit de femme, et le sec entretien !
Lorsqu'elle vient me voir, je souffre le martyre :
Il faut suer sans cesse à chercher que lui dire,
Et la stérilité de son expression[11]
Fait mourir à tous coups la conversation.
En vain, pour attaquer son stupide silence,
De tous les lieux communs vous prenez l'assistance[12] :
Le beau temps et la pluie, et le froid et le chaud
Sont des fonds[13] qu'avec elle on épuise bientôt.
Cependant sa visite, assez insupportable,
Traîne en une longueur encore épouvantable ;
Et l'on demande l'heure, et l'on bâille vingt fois,
Qu'elle grouille[14] aussi peu qu'une pièce de bois.

ACASTE

Que vous semble d'Adraste ?

CÉLIMÈNE

Ah ! quel orgueil extrême !
C'est un homme gonflé de l'amour de soi-même.
Son mérite jamais n'est content de la cour :
Contre elle il fait métier[15] de pester chaque jour,
Et l'on ne donne emploi, charge ni bénéfice,
Qu'à tout ce qu'il se croit on ne fasse injustice[16].

CLITANDRE

Mais le jeune Cléon, chez qui vont aujourd'hui
Nos plus honnêtes gens[17], que dites-vous de lui ?

CÉLIMÈNE

Que de son cuisinier il s'est fait un mérite,

Emplois, charges et bénéfices

Célimène énumère les diverses fonctions auxquelles pouvait prétendre un aristocrate. Un *emploi* était une mission temporaire donnée par le pouvoir, contrairement à une *charge*, fonction publique officielle (civile ou militaire), comme celle de chancelier. Quant au *bénéfice*, c'était une dignité donnée par l'Église, et qui s'accompagnait d'un revenu. ■

11. La pauvreté de son langage.
12. Vous vous appuyez sur tous les sujets de conversation généraux.
13. Des thèmes.
14. Elle se remue.
15. Il a l'habitude.
16. Sans que, d'après lui, on ne fasse injustice aux qualités qu'il s'attribue.
17. Les gens les plus distingués de notre milieu.

Et que c'est à sa table à qui l'on rend visite.

ÉLIANTE
Il prend soin d'y servir des mets fort délicats.

CÉLIMÈNE
Oui ; mais je voudrais bien qu'il ne s'y servît pas :
C'est un fort méchant[1] plat que sa sotte personne,
Et qui gâte, à mon goût, tous les repas qu'il donne.

PHILINTE
On fait assez de cas de son oncle Damis :
Qu'en dites-vous, Madame ?

CÉLIMÈNE
Il est de mes amis.

PHILINTE
Je le trouve honnête homme, et d'un air assez sage.

CÉLIMÈNE
Oui ; mais il veut avoir trop d'esprit, dont[2] j'enrage ;
Il est guindé[3] sans cesse ; et dans tous ses propos,
On voit qu'il se travaille à[4] dire de bons mots.
Depuis que dans la tête il s'est mis d'être habile[5],
Rien ne touche son goût, tant il est difficile ;
Il veut voir des défauts à tout ce qu'on écrit,
Et pense que louer n'est pas d'un bel esprit[6],
Que c'est être savant que trouver à redire,
Qu'il n'appartient qu'aux sots d'admirer et de rire,
Et qu'en n'approuvant rien des ouvrages du temps,
Il se met au-dessus de tous les autres gens ;

1. Mauvais.
2. Ce dont.
3. Raide.
4. Il se donne du mal pour.
5. Fin connaisseur.
6. N'est pas digne d'un esprit cultivé.

Aux conversations même il trouve à reprendre :
Ce sont propos trop bas pour y daigner descendre ;
Et les deux bras croisés, du haut de son esprit
Il regarde en pitié tout ce que chacun dit.

ACASTE
Dieu me damne, voilà son portrait véritable.

CLITANDRE, *à Célimène.*
Pour bien peindre les gens vous êtes admirable.

ALCESTE
Allons, ferme, poussez[7], mes bons amis de cour ;
Vous n'en épargnez point, et chacun a son tour ;
Cependant aucun d'eux à vos yeux ne se montre,
Qu'on[8] ne vous voie, en hâte, aller à sa rencontre,
Lui présenter la main, et d'un baiser flatteur
Appuyer les serments d'être son serviteur.

CLITANDRE
Pourquoi s'en prendre à nous ? Si ce qu'on dit vous blesse,
Il faut que le reproche à Madame s'adresse.

ALCESTE
Non, morbleu ! c'est à vous ; et vos ris[9] complaisants
Tirent de son esprit tous ces traits médisants.
Son humeur satirique est sans cesse nourrie
Par le coupable encens de votre flatterie ;
Et son cœur à railler trouverait moins d'appas,
S'il avait observé qu'on ne l'applaudît pas.
C'est ainsi qu'aux flatteurs on doit partout se prendre[10]
Des vices où l'on voit les humains se répandre[11].

7. Continuez (terme d'escrime).
8. Sans qu'on.
9. Vos rires.
10. S'en prendre, en vouloir.
11. Se laisser aller.

PHILINTE

Mais pourquoi pour ces gens un intérêt si grand,
Vous qui condamneriez ce qu'en eux on reprend[1] ?

CÉLIMÈNE

Et ne faut-il pas bien que Monsieur contredise ?
À la commune voix[2] veut-on qu'il se réduise,
Et qu'il ne fasse pas éclater en tous lieux
L'esprit contrariant qu'il a reçu des cieux ?
Le sentiment[3] d'autrui n'est jamais pour lui plaire ;
Il prend toujours en main l'opinion contraire,
Et penserait paraître un homme du commun,
Si l'on voyait qu'il fût de l'avis de quelqu'un.
L'honneur de contredire a pour lui tant de charmes,
Qu'il prend contre lui-même assez souvent les armes ;
Et ses vrais sentiments sont combattus par lui,
Aussitôt qu'il les voit dans la bouche d'autrui.

ALCESTE

Les rieurs sont pour vous, Madame, c'est tout dire,
Et vous pouvez pousser contre moi la satire.

PHILINTE

Mais il est véritable aussi que votre esprit
Se gendarme[4] toujours contre tout ce qu'on dit,
Et que, par un chagrin[5] que lui-même il avoue,
Il ne saurait souffrir qu'on blâme, ni qu'on loue.

ALCESTE

C'est que jamais, morbleu ! les hommes n'ont raison,
Que le chagrin contre eux est toujours de saison[6],
Et que je vois qu'ils sont, sur toutes les affaires,

1. On critique.
2. L'avis général.
3. Le jugement.
4. S'emporte.
5. Une mauvaise humeur.
6. D'actualité.

Loueurs impertinents[7], ou censeurs téméraires[8].

CÉLIMÈNE
Mais…

ALCESTE
Non, Madame, non : quand j'en devrais mourir[9],
Vous avez des plaisirs que je ne puis souffrir ;
Et l'on a tort ici de nourrir dans votre âme
Ce grand attachement aux défauts qu'on y blâme.

CLITANDRE
Pour moi, je ne sais pas, mais j'avouerai tout haut
Que j'ai cru jusqu'ici Madame sans défaut.

ACASTE
De grâces et d'attraits je vois qu'elle est pourvue ;
Mais les défauts qu'elle a ne frappent point ma vue.

ALCESTE
Ils frappent tous la mienne ; et loin de m'en cacher[10],
Elle sait que j'ai soin de les lui reprocher.
Plus on aime quelqu'un, moins il faut qu'on le flatte ;
À ne rien pardonner[11] le pur amour éclate ;
Et je bannirais, moi, tous ces lâches amants
Que je verrais soumis à tous mes sentiments,
Et dont, à tous propos, les molles complaisances
Donneraient de l'encens à[12] mes extravagances.

CÉLIMÈNE
Enfin, s'il faut qu'à vous s'en rapportent les cœurs,
On doit, pour bien aimer, renoncer aux douceurs,
Et du parfait amour mettre l'honneur suprême

7. Sans discernement.
8. Trop rapides, sans réflexion.
9. Même si je devais en mourir.
10. Non seulement je ne m'en cache pas, mais…
11. C'est en ne pardonnant rien que.
12. Flatteraient.

À bien injurier les personnes qu'on aime.

ÉLIANTE
L'amour, pour l'ordinaire[1], est peu fait à ces lois,
Et l'on voit les amants vanter toujours leur choix ;
Jamais leur passion n'y voit rien de blâmable,
Et dans l'objet aimé tout leur devient aimable :
Ils comptent les défauts pour[2] des perfections,
Et savent y donner de favorables noms.
La pâle est aux jasmins en blancheur comparable ;
La noire à faire peur[3], une brune adorable ;
La maigre a de la taille et de la liberté[4] ;
La grasse est dans son port pleine de majesté ;
La malpropre[5] sur soi, de peu d'attraits chargée,
Est mise sous le nom de beauté négligée ;
La géante paraît une déesse aux yeux ;
La naine, un abrégé des merveilles des cieux ;
L'orgueilleuse a le cœur digne d'une couronne ;
La fourbe a de l'esprit ; la sotte est toute bonne ;
La trop grande parleuse est d'agréable humeur ;
Et la muette garde une honnête pudeur.
C'est ainsi qu'un amant dont l'ardeur est extrême
Aime jusqu'aux défauts des personnes qu'il aime.

ALCESTE
Et moi, je soutiens, moi…

CÉLIMÈNE
Brisons[6] là ce discours,
Et dans la galerie allons faire deux tours.
Quoi ? vous vous en allez, Messieurs ?

1. D'habitude.
2. Ils considèrent les défauts comme…
3. La femme à la peau affreusement basanée.
4. De l'aisance.
5. Mal habillée.
6. Arrêtons.

CLITANDRE ET ACASTE

Non pas, Madame.

ALCESTE

La peur de leur départ occupe fort votre âme.
Sortez quand vous voudrez, Messieurs ; mais j'avertis
Que je ne sors qu'après que vous serez sortis.

ACASTE

À moins de voir Madame en être importunée,
Rien ne m'appelle ailleurs de toute la journée.

CLITANDRE

Moi, pourvu que je puisse être au petit couché[7],
Je n'ai point d'autre affaire où je sois attaché.

CÉLIMÈNE, *à Alceste.*

C'est pour rire, je crois.

ALCESTE

Non, en aucune sorte :
Nous verrons si c'est moi que vous voudrez qui sorte.

Scène 5

BASQUE, ALCESTE, CÉLIMÈNE, ÉLIANTE,
ACASTE, PHILINTE, CLITANDRE

BASQUE, *à Alceste.*

Monsieur, un homme est là qui voudrait vous parler,

7. Voir v. 567.

Pour affaire, dit-il, qu'on ne peut reculer.

ALCESTE
Dis-lui que je n'ai point d'affaires si pressées.

BASQUE
Il porte une jaquette à grand'basques plissées[1],
Avec du dor[2] dessus.

CÉLIMÈNE, *à Alceste.*
Allez voir ce que c'est,
Ou bien faites-le[3] entrer.

ALCESTE
Qu'est-ce donc qu'il vous plaît ?
Venez, Monsieur.

Scène 6

GARDE, ALCESTE, CÉLIMÈNE, ÉLIANTE,
ACASTE, PHILINTE, CLITANDRE

GARDE
Monsieur, j'ai deux mots à vous dire.

ALCESTE
Vous pouvez parler haut, Monsieur, pour m'en instruire.

GARDE
Messieurs les Maréchaux, dont j'ai commandement,
Vous mandent[4] de venir les trouver promptement,

1. À grands pans à plis.
2. Du doré (déformation populaire).
3. Le e est élidé (prononcer « l'entrer »).
4. Commandent.

Monsieur.

ALCESTE

Qui ? moi, Monsieur ?

GARDE

Vous-même.

ALCESTE

Et pourquoi faire ?

PHILINTE, *à Alceste.*

C'est d'Oronte et de vous la ridicule affaire.

CÉLIMÈNE, *à Philinte.*

Comment ?

PHILINTE

Oronte et lui se sont tantôt bravés[5]
Sur certains petits vers, qu'il n'a pas approuvés ;
Et l'on veut assoupir[6] la chose en sa naissance.

ALCESTE

Moi, je n'aurai jamais de lâche complaisance.

PHILINTE

Mais il faut suivre l'ordre : allons, disposez-vous…

ALCESTE

Quel accommodement veut-on faire entre nous ?
La voix de ces Messieurs me condamnera-t-elle
À trouver bons les vers qui font notre querelle ?
Je ne me dédis point de ce que j'en ai dit,
Je les trouve méchants.

Le tribunal des Maréchaux

Afin d'éviter les duels interdits depuis Richelieu, cet organisme officiel avait pour mission de régler à l'amiable les querelles entre gentilshommes ou militaires. Comme Philinte le devine, Oronte a saisi ce tribunal, s'estimant offensé par les propos d'Alceste sur son sonnet. ■

5. Se sont récemment défiés.
6. Apaiser.

PHILINTE

Mais, d'un plus doux esprit…

ALCESTE

Je n'en démordrai point : les vers sont exécrables.

PHILINTE

Vous devez faire voir des sentiments traitables[1].
Allons, venez.

ALCESTE

J'irai ; mais rien n'aura pouvoir
De me faire dédire.

PHILINTE

Allons vous faire voir[2].

ALCESTE

Hors qu'un commandement exprès du Roi me vienne
De[3] trouver bons les vers dont on se met en peine,
Je soutiendrai toujours, morbleu ! qu'ils sont mauvais,
Et qu'un homme est pendable après les avoir faits.
(À Clitandre et Acaste, qui rient.)
Par la sangbleu ![4] Messieurs, je ne croyais pas être
Si plaisant que je suis.

CÉLIMÈNE

Allez vite paraître
Où vous devez.

ALCESTE

J'y vais, Madame, et sur mes pas
Je reviens en ce lieu, pour vider nos débats[5].

1. Modérés.
2. Vous faire paraître (au tribunal).
3. Sauf si un ordre formel du roi m'oblige à.
4. Juron (voir encart p. 14).
5. Achever notre explication.

Mise en scène
d'André Engel,
avec Gérard Desarthe
(Alceste), Bobigny, MC93,
avril 1985.

Scène 1

Des spectateurs privilégiés

Au XVIIe s., les deux côtés de la scène du théâtre offraient deux ou trois rangées de sièges, dites *bancs* ou banquettes. S'y asseyaient à grands frais des spectateurs privilégiés qui, tel Acaste, se signalaient par le « fracas » de leurs applaudissements et de leurs exclamations (leurs *Ha !*). Cette présence bruyante, qui nuisait au spectacle, ne fut abolie qu'au siècle suivant, sous l'influence de Voltaire. ■

CLITANDRE, ACASTE

CLITANDRE
Cher Marquis, je te vois l'âme bien satisfaite :
Toute chose t'égaye, et rien ne t'inquiète.
En bonne foi, crois-tu, sans t'éblouir les yeux,
Avoir de grands sujets de paraître joyeux ?

ACASTE
Parbleu ! je ne vois pas, lorsque je m'examine,
Où prendre aucun sujet d'avoir l'âme chagrine.
J'ai du bien, je suis jeune, et sors d'une maison[1]
Qui se peut dire noble avec quelque raison ;
Et je crois, par le rang que me donne ma race[2],
Qu'il est fort peu d'emplois dont je ne sois en passe[3].
Pour le cœur[4], dont sur tout[5] nous devons faire cas,
On sait, sans vanité, que je n'en manque pas,
Et l'on m'a vu pousser[6], dans le monde, une affaire[7]
D'une assez vigoureuse et gaillarde manière.
Pour de l'esprit, j'en ai sans doute, et du bon goût
À juger sans étude et raisonner de tout,
À faire aux nouveautés, dont je suis idolâtre[8],
Figure de savant sur les bancs du théâtre,
Y décider en chef, et faire du fracas
À tous les beaux endroits qui méritent des *Ha !*
Je suis assez adroit[9] ; j'ai bon air, bonne mine,
Les dents belles surtout, et la taille fort fine.
Quant à se mettre bien[10], je crois, sans me flatter,

1. Une famille.
2. Mon lignage, ma naissance.
3. Que je ne puisse obtenir.
4. Le courage.
5. Par-dessus tout.
6. Mener à bien.
7. Une affaire d'honneur, un duel.
8. Que j'adore.
9. Subtil, spirituel.
10. Bien s'habiller.

Qu'on serait mal venu de me le disputer.
Je me vois dans l'estime[11] autant qu'on y puisse être,
Fort aimé du beau sexe, et bien auprès du maître[12].
Je crois qu'avec cela, mon cher Marquis, je croi[13]
Qu'on peut, par tout pays[14], être content de soi.

CLITANDRE

Oui ; mais, trouvant ailleurs des conquêtes faciles,
Pourquoi pousser ici des soupirs inutiles ?

ACASTE

Moi ? Parbleu ! je ne suis de taille ni d'humeur
À pouvoir d'une belle essuyer[15] la froideur.
C'est aux gens mal tournés, aux mérites vulgaires[16],
À brûler constamment[17] pour des beautés sévères,
À languir à leurs pieds et souffrir leurs rigueurs,
À chercher le secours des soupirs et des pleurs,
Et tâcher, par des soins d'une très longue suite[18],
D'obtenir ce qu'on nie[19] à leur peu de mérite.
Mais les gens de mon air, Marquis, ne sont pas faits
Pour aimer à crédit[20], et faire tous les frais.
Quelque rare[21] que soit le mérite des belles,
Je pense, Dieu merci ! qu'on vaut son prix comme elles ;
Que pour se faire honneur d'un cœur comme le mien,
Ce n'est pas la raison[22] qu'il ne leur coûte rien.
Et qu'au moins, à tout mettre en de justes balances,
Il faut qu'à frais communs[23] se fassent les avances.

CLITANDRE

Tu penses donc, Marquis, être fort bien ici[24] ?

11. Je me vois estimé.
12. Du roi.
13. Graphie pour la rime.
14. Partout, n'importe où.
15. Tolérer.
16. Communs.
17. Fidèlement.
18. Par des attentions permanentes.
19. On refuse.
20. Aimer sans être récompensé.
21. Si rare.
22. Il n'est pas juste.
23. En s'engageant autant, elle et moi.
24. Être en faveur dans cette maison.

ACASTE
J'ai quelque lieu[1], Marquis, de le penser ainsi.

CLITANDRE
Crois-moi, détache-toi de cette erreur extrême ;
Tu te flattes[2], mon cher, et t'aveugles toi-même.

ACASTE
Il est vrai, je me flatte et m'aveugle en effet.

CLITANDRE
Mais qui[3] te fait juger ton bonheur si parfait ?

ACASTE
Je me flatte.

CLITANDRE
Sur quoi fonder tes conjectures[4] ?

ACASTE
Je m'aveugle.

CLITANDRE
En as-tu des preuves qui soient sûres ?

ACASTE
Je m'abuse, te dis-je.

CLITANDRE
Est-ce que de ses vœux
Célimène t'a fait quelques secrets aveux ?

ACASTE
Non, je suis maltraité.

1. J'ai certaines raisons.
2. Tu t'illusionnes.
3. Qu'est-ce qui.
4. Tes suppositions.

CLITANDRE

Réponds-moi, je te prie.

ACASTE

Je n'ai que des rebuts[5].

CLITANDRE

Laissons la raillerie,
Et me dis[6] quel espoir on peut t'avoir donné.

ACASTE

Je suis le misérable, et toi le fortuné :
On a pour ma personne une aversion grande,
Et quelqu'un de ces jours[7] il faut que je me pende.

CLITANDRE

Ô çà, veux-tu, Marquis, pour ajuster[8] nos vœux,
Que nous tombions d'accord d'une chose tous deux ?
Que qui pourra montrer[9] une marque certaine
D'avoir meilleure part au cœur de Célimène,
L'autre ici fera place au vainqueur prétendu[10],
Et le délivrera d'un rival assidu ?

ACASTE

Ah ! parbleu ! tu me plais avec un tel langage,
Et du bon de mon cœur[11] à cela je m'engage.
Mais, chut !

Les marquis de Molière

Le personnage du marquis ridicule est l'une des cibles favorites de Molière, depuis son premier succès à Paris avec le faux marquis de Mascarille dans *Les Précieuses* (1659). Il s'en explique dans *L'Impromptu de Versailles* (1663), en le désignant comme « un caractère agréable de théâtre », « le plaisant de la comédie » moderne, assimilable en cela au « valet bouffon » des comédies anciennes. ■

5. Des refus, des dédains.
6. Dis-moi.
7. Un de ces jours.
8. Accorder.
9. Que si l'un peut montrer.
10. Reconnu.
11. De tout mon cœur.

Scène 2

CÉLIMÈNE, ACASTE, CLITANDRE

CÉLIMÈNE

Encore ici ?

CLITANDRE

L'amour retient nos pas.

CÉLIMÈNE

Je viens d'ouïr entrer un carrosse là-bas[1] :
Savez-vous qui c'est ?

CLITANDRE

Non.

Scène 3

BASQUE, CÉLIMÈNE, ACASTE, CLITANDRE

BASQUE

Arsinoé, Madame,
Monte ici pour vous voir.

CÉLIMÈNE

Que me veut cette femme ?

BASQUE

Éliante là-bas est à l'entretenir[2].

1. En bas, dans la cour.
2. Est en conversation avec elle.

CÉLIMÈNE

De quoi s'avise-t-elle et qui[3] la fait venir ?

ACASTE

Pour prude consommée[4] en tous lieux elle passe,
Et l'ardeur de son zèle[5]…

CÉLIMÈNE

Oui, oui, franche grimace[6] :
Dans l'âme elle est du monde[7], et ses soins[8] tentent tout
Pour accrocher quelqu'un, sans en venir à bout.
Elle ne saurait voir qu'avec un œil d'envie
Les amants[9] déclarés dont une autre est suivie ;
Et son triste mérite, abandonné de tous,
Contre le siècle[10] aveugle est toujours en courroux.
Elle tâche à couvrir d'un faux voile de prude
Ce que chez elle on voit d'affreuse solitude ;
Et pour sauver l'honneur de ses faibles appas[11],
Elle attache du crime au pouvoir[12] qu'ils n'ont pas.
Cependant un amant plairait fort à la dame,
Et même pour Alceste elle a tendresse d'âme.
Ce qu'il me rend de soins[13] outrage ses attraits,
Elle veut que ce soit un vol que je lui fais ;
Et son jaloux dépit[14], qu'avec peine elle cache,
En tous endroits, sous main[15], contre moi se détache[16].
Enfin je n'ai rien vu de si sot à mon gré,
Elle est impertinente[17] au suprême degré,
Et…

3. Qu'est-ce qui.
4. Une femme d'une parfaite vertu.
5. Sa dévotion.
6. Pure hypocrisie.
7. Elle suit les principes de la vie sociale (et non les valeurs religieuses).
8. Ses efforts.
9. Les soupirants.
10. Ses contemporains.
11. Charmes.
12. Elle condamne le pouvoir.
13. La cour qu'il me fait.
14. Son irritation jalouse.
15. Secrètement
16. Se déchaîne.
17. Insensée.

Scène 4

Arsinoé, Célimène

Célimène

Ah ! quel heureux sort[1] en ce lieu vous amène ?
Madame, sans mentir, j'étais de vous en peine[2].

Arsinoé

Je viens pour quelque avis que j'ai cru vous devoir.

Célimène

Ah ! mon Dieu ! que je suis contente de vous voir !
(*Clitandre et Acaste sortent en riant.*)

Arsinoé

Leur départ[3] ne pouvait plus à propos se faire.

Célimène

Voulons-nous nous asseoir ?

Arsinoé

Il n'est pas nécessaire,
Madame. L'amitié doit surtout éclater
Aux choses qui le plus nous peuvent importer ;
Et comme il n'en est point de plus grande importance
Que celles de l'honneur et de la bienséance[4],
Je viens, par un avis qui touche votre honneur,
Témoigner l'amitié que pour vous a mon cœur.
Hier j'étais chez des gens de vertu singulière[5],
Où sur vous du discours on tourna la matière[6] ;

1. Hasard.
2. Vous me manquiez.
3. Le départ d'Acaste et de Clitandre, qui viennent de sortir.
4. Du respect des convenances.
5. Exceptionnelle.
6. Chez qui la discussion tomba sur vous.

Et là, votre conduite, avec ses grands éclats,
Madame, eut le malheur qu'on ne la loua pas.
Cette foule de gens dont vous souffrez visite[7],
Votre galanterie[8], et les bruits qu'elle excite
Trouvèrent des censeurs[9] plus qu'il n'aurait fallu,
Et bien plus rigoureux que je n'eusse voulu[10].
Vous pouvez bien penser quel parti je sus prendre :
Je fis ce que je pus pour vous pouvoir défendre,
Je vous excusai fort sur votre intention[11],
Et voulus de votre âme être la caution[12].
Mais vous savez qu'il est des choses dans la vie
Qu'on ne peut excuser, quoiqu'on en ait envie ;
Et je me vis contrainte à demeurer d'accord
Que l'air[13] dont vous viviez vous faisait un peu tort,
Qu'il[14] prenait dans le monde une méchante face[15],
Qu'il n'est conte fâcheux que partout on n'en fasse[16],
Et que, si vous vouliez, tous vos déportements[17]
Pourraient moins donner prise aux mauvais jugements.
Non que j'y croie, au fond, l'honnêteté blessée[18] :
Me préserve le Ciel[19] d'en avoir la pensée !
Mais aux ombres[20] du crime on prête aisément foi,
Et ce n'est pas assez de bien vivre pour soi.
Madame, je vous crois l'âme trop raisonnable,
Pour ne pas prendre bien cet avis profitable,
Et pour l'attribuer qu'aux mouvements secrets[21]
D'un zèle[22] qui m'attache à tous vos intérêts.

CÉLIMÈNE

Madame, j'ai beaucoup de grâces à vous rendre[23] :
Un tel avis m'oblige[24], et loin de le mal prendre,
J'en prétends reconnaître, à l'instant, la faveur,

7. Dont vous tolérez la visite.
8. Goût des intrigues amoureuses.
9. Des critiques.
10. Je n'aurais voulu.
11. En mettant en évidence la pureté de vos intentions.
12. La garantie.
13. La manière.
14. Que cet air.
15. Une vilaine tournure.
16. Que partout on en fait des histoires gênantes pour vous.
17. Toute votre conduite.
18. Certes, je ne crois pas que, dans la réalité, votre vertu soit compromise.
19. Que le Ciel me préserve.
20. Aux apparences.
21. L'attribuer à autre chose qu'aux sentiments profonds.
22. D'une amitié passionnée.
23. De remerciements à vous faire.
24. Me rend redevable.

Pour[1] un avis aussi qui touche votre honneur ;
Et comme je vous vois vous montrer mon amie
En m'apprenant les bruits que de moi[2] l'on publie,
Je veux suivre, à mon tour, un exemple si doux,
En vous avertissant de ce qu'on dit de vous.
En un lieu, l'autre jour, où je faisais visite,
Je trouvai quelques gens d'un très rare mérite,
Qui, parlant des vrais soins[3] d'une âme qui vit bien,
Firent tomber sur vous, Madame, l'entretien.
Là, votre pruderie et vos éclats de zèle[4]
Ne furent pas cités comme un fort bon modèle :
Cette affectation d'un grave extérieur,
Vos discours éternels de sagesse et d'honneur,
Vos mines et vos cris aux ombres d'indécence[5]
Que d'un mot ambigu peut avoir l'innocence,
Cette hauteur d'estime où vous êtes de vous,
Et ces yeux de pitié que vous jetez sur tous,
Vos fréquentes leçons, et vos aigres censures[6]
Sur des choses qui sont innocentes et pures,
Tout cela, si je puis vous parler franchement,
Madame, fut blâmé d'un commun sentiment[7].
À quoi bon, disaient-ils, cette mine modeste,
Et ce sage dehors[8] que dément tout le reste ?
Elle est à bien prier exacte au dernier point[9] ;
Mais elle bat ses gens[10], et ne les paye point.
Dans tous les lieux dévots[11] elle étale un grand zèle :
Mais elle met du blanc[12] et veut paraître belle.
Elle fait des tableaux couvrir les nudités ;
Mais elle a de l'amour pour les réalités[13].
Pour moi, contre chacun je pris votre défense,
Et leur assurai fort que c'était médisance ;

1. En l'échangeant contre.
2. Sur moi.
3. Occupations.
4. Vos manifestations bruyantes de ferveur religieuse.
5. Devant les apparences d'immoralité.
6. Vos critiques féroces.
7. D'un avis unanime.
8. Cette sage apparence.
9. Scrupuleuse au plus haut degré.
10. Ses domestiques.
11. Les lieux de prières.
12. Du maquillage.
13. Les nudités réelles (contrairement aux nudités fictives des tableaux).

Mais tous les sentiments combattirent le mien ;
Et leur conclusion fut que vous feriez bien
De prendre moins de soin des actions des autres,
Et de vous mettre un peu plus en peine des vôtres ;
Qu'on doit se regarder soi-même un fort long temps,
Avant que de songer à condamner les gens ;
Qu'il faut mettre le poids[14] d'une vie exemplaire
Dans les corrections qu'aux autres on veut faire ;
Et qu'encor vaut-il mieux s'en remettre, au besoin[15],
À ceux à qui le Ciel en a commis le soin[16].
Madame, je vous crois aussi trop raisonnable,
Pour ne pas prendre bien cet avis profitable,
Et pour l'attribuer qu'aux mouvements secrets
D'un zèle qui m'attache à tous vos intérêts.

ARSINOE

À quoi qu'en reprenant on soit assujettie[17],
Je ne m'attendais pas à cette repartie,
Madame, et je vois bien, par ce qu'elle a d'aigreur,
Que mon sincère avis vous a blessée au cœur.

CÉLIMÈNE

Au contraire, Madame ; et si l'on était sage,
Ces avis mutuels seraient mis en usage :
On détruirait par là, traitant de bonne foi[18],
Ce grand aveuglement où chacun est pour soi.
Il ne tiendra qu'à vous qu'avec le même zèle
Nous ne continuions cet office[19] fidèle,
Et ne prenions grand soin de nous dire, entre nous,
Ce que nous entendrons, vous de moi, moi de vous.

14. L'autorité.
15. Quand il le faut.
16. C'est-à-dire aux prêtres.
17. Même si, en critiquant les autres, on s'expose à de vives réactions.
18. En agissant avec sincérité.
19. Ce service rendu.

ARSINOÉ

Ah ! Madame, de vous je ne puis rien entendre :
C'est en moi que l'on peut trouver fort à reprendre[1].

CÉLIMÈNE

Madame, on peut, je crois, louer et blâmer tout,
Et chacun a raison suivant l'âge et le goût.
Il est une saison[2] pour la galanterie[3] ;
Il en est une aussi propre à la pruderie[4].
On peut, par politique[5], en prendre le parti,
Quand de nos jeunes ans l'éclat est amorti :
Cela sert à couvrir de fâcheuses disgrâces.
Je ne dis pas qu'un jour je ne suive vos traces :
L'âge amènera tout, et ce n'est pas le temps,
Madame, comme on sait, d'être prude à vingt ans.

ARSINOÉ

Certes, vous vous targuez[6] d'un bien faible avantage,
Et vous faites sonner terriblement votre âge.
Ce que de plus que vous on en pourrait avoir
N'est pas un si grand cas[7] pour s'en tant prévaloir ;
Et je ne sais pourquoi votre âme ainsi s'emporte,
Madame, à me pousser[8] de cette étrange sorte.

CÉLIMÈNE

Et moi, je ne sais pas, Madame, aussi pourquoi
On vous voit, en tous lieux, vous déchaîner sur moi.
Faut-il de vos chagrins[9], sans cesse, à moi vous prendre ?
Et puis-je mais[10] des soins qu'on ne va pas vous rendre ?
Si ma personne aux gens inspire de l'amour,
Et si l'on continue à m'offrir chaque jour

1. À critiquer.
2. Il y a un âge.
3. Les intrigues amoureuses.
4. La vertu.
5. Par tactique.
6. Vous vous vantez.
7. Une si grande chose.
8. À m'attaquer.
9. Vos accès de mauvaise humeur.
10. Suis-je responsable.

Des vœux que votre cœur peut souhaiter qu'on m'ôte,
Je n'y saurais que faire, et ce n'est pas ma faute :
Vous avez le champ libre, et je n'empêche pas
Que pour les attirer vous n'ayez des appas.

ARSINOÉ

Hélas ! et croyez-vous que l'on se mette en peine
De ce nombre d'amants dont vous faites la vaine[11],
Et qu'il ne nous soit pas fort aisé de juger
À quel prix aujourd'hui l'on peut les engager[12] ?
Pensez-vous faire croire, à voir comme tout roule[13],
Que votre seul mérite attire cette foule ?
Qu'ils ne brûlent pour vous que d'un honnête amour,
Et que pour vos vertus ils vous font tous la cour ?
On ne s'aveugle point par de vaines défaites[14],
Le monde n'est point dupe ; et j'en vois qui sont faites
À pouvoir inspirer de tendres sentiments,
Qui chez elles pourtant ne fixent point d'amants ;
Et de là nous pouvons tirer des conséquences,
Qu'on n'acquiert point les cœurs sans de grandes avances,
Qu'aucun pour nos beaux yeux n'est notre soupirant,
Et qu'il faut acheter tous les soins qu'on nous rend[15].
Ne vous enflez donc point d'une si grande gloire[16]
Pour les petits brillants[17] d'une faible victoire ;
Et corrigez un peu l'orgueil de vos appas,
De traiter pour cela les gens de haut en bas.
Si nos yeux enviaient les conquêtes des vôtres,
Je pense qu'on pourrait faire comme les autres,
Ne se point ménager[18], et vous faire bien voir
Que l'on a des amants quand on en veut avoir.

11. Dont vous vous vantez.
12. Les attirer.
13. Comment vont les choses.
14. De mauvaises excuses.
15. Toutes les attentions amoureuses qu'on nous porte.
16. D'un si grand orgueil.
17. Prestiges.
18. Abandonner toute pudeur.

CÉLIMÈNE

Ayez-en donc, Madame, et voyons cette affaire :
Par ce rare secret efforcez-vous de plaire ;
Et sans…

ARSINOÉ

Brisons, Madame, un pareil entretien :
Il pousserait trop loin votre esprit et le mien ;
Et j'aurais pris déjà le congé qu'il faut prendre,
Si mon carrosse encor ne m'obligeait d'attendre.

CÉLIMÈNE

Autant qu'il vous plaira vous pouvez arrêter[1],
Madame, et là-dessus rien ne doit vous hâter ;
Mais, sans vous fatiguer de ma cérémonie[2],
Je m'en vais vous donner meilleure compagnie ;
Et Monsieur, qu'à propos le hasard fait venir[3],
Remplira mieux ma place à vous entretenir[4].
Alceste, il faut que j'aille écrire un mot de lettre,
Que, sans me faire tort, je ne saurais remettre[5].
Soyez avec Madame : elle aura la bonté
D'excuser aisément mon incivilité[6].

Scène 5

ALCESTE, ARSINOÉ

ARSINOÉ

Vous voyez, elle veut que je vous entretienne,
Attendant[7] un moment que mon carrosse vienne ;

1. Rester ici.
2. Mes politesses.
3. Alceste, qui entre à cet instant.
4. À discuter avec vous.
5. Retarder.
6. Impolitesse.
7. En attendant.

Et jamais tous ses soins[8] ne pouvaient m'offrir rien
Qui me fût plus charmant qu'un pareil entretien.
En vérité, les gens d'un mérite sublime[9]
Entraînent de chacun et l'amour et l'estime;
Et le vôtre, sans doute, a des charmes[10] secrets
Qui font entrer mon cœur dans tous vos intérêts.
Je voudrais que la cour, par un regard propice[11],
A ce que vous valez rendît plus de justice :
Vous avez à vous plaindre, et je suis en courroux[12],
Quand je vois chaque jour qu'on ne fait rien pour vous.

ALCESTE
Moi, Madame! Et sur quoi pourrais-je en rien prétendre[13]?
Quel service à l'État est-ce qu'on m'a vu rendre?
Qu'ai-je fait, s'il vous plaît, de si brillant de soi[14],
Pour me plaindre à la cour qu'on ne fait rien pour moi?

ARSINOÉ
Tous ceux sur qui la cour jette des yeux propices
N'ont pas toujours rendu de ces fameux services.
Il faut l'occasion, ainsi que le pouvoir[15];
Et le mérite enfin que vous nous faites voir
Devrait…

ALCESTE
Mon Dieu! laissons mon mérite, de grâce;
De quoi voulez-vous là que la cour s'embarrasse?
Elle aurait fort à faire, et ses soins seraient grands
D'avoir à déterrer[16] le mérite des gens.

ARSINOÉ
Un mérite éclatant se déterre lui-même;

8. Toutes ses attentions.
9. Supérieur.
10. Des pouvoirs magiques.
11. Favorable.
12. En colère.
13. Sur quoi m'appuierais-je pour prétendre à quoi que ce soit ?
14. En soi.
15. Les moyens.
16. Si elle devait rechercher.

Du vôtre, en bien des lieux, on fait un cas extrême ;
Et vous saurez de moi qu'en deux fort bons endroits
Vous fûtes hier loué par des gens d'un grand poids[1].

ALCESTE

Eh ! Madame, l'on loue aujourd'hui tout le monde,
Et le siècle[2] par là n'a rien qu'on ne confonde[3] :
Tout est d'un grand mérite également[4] doué,
Ce n'est plus un honneur que de se voir loué ;
D'éloges on regorge, à la tête on les jette,
Et mon valet de chambre est mis dans la Gazette.

ARSINOÉ

Pour moi, je voudrais bien que, pour vous montrer mieux,
Une charge[5] à la cour vous pût frapper les yeux[6].
Pour peu que d'y songer vous nous fassiez les mines[7],
On peut pour vous servir remuer des machines[8],
Et j'ai des gens en main que j'emploierai pour vous,
Qui vous feront à tout un chemin assez doux.

ALCESTE

Et que voudriez-vous, Madame, que j'y fisse ?
L'humeur[9] dont je me sens veut que je m'en bannisse.
Le Ciel ne m'a point fait, en me donnant le jour,
Une âme compatible avec l'air de la cour ;
Je ne me trouve point les vertus nécessaires
Pour y bien réussir et faire mes affaires.
Être franc et sincère est mon plus grand talent ;
Je ne sais point jouer[10] les hommes en parlant ;
Et qui n'a pas le don de cacher ce qu'il pense
Doit faire en ce pays[11] fort peu de résidence.
Hors de la cour, sans doute, on n'a pas cet appui,

La Gazette

Premier hebdomadaire français de l'histoire, *La Gazette* fut fondée en 1631 par Théophraste Renaudot, médecin et secrétaire de Louis XIII. Elle connut un succès croissant et l'estime d'écrivains comme Molière et Boileau. Le privilège exclusif donné par Louis XIII à cette publication (et renouvelé par Louis XIV) en fit une sorte de journal officiel du royaume. ■

1. D'une grande influence.
2. Notre époque.
3. Met tout au même niveau.
4. À égalité, pareillement.
5. Une fonction officielle (voir encart p. 49).
6. Puisse vous intéresser.
7. Vous nous donniez l'impression.
8. Combiner des intrigues.
9. Le tempérament.
10. Tromper.
11. Dans ce lieu (la Cour).

Et ces titres d'honneur qu'elle donne aujourd'hui ;
Mais on n'a pas aussi, perdant ces avantages,
Le chagrin de jouer de fort sots personnages :
On n'a point à souffrir mille rebuts[12] cruels,
On n'a point à louer les vers de Messieurs tels,
À donner de l'encens à[13] Madame une telle,
Et de nos francs[14] marquis essuyer la cervelle[15].

ARSINOÉ

Laissons, puisqu'il vous plaît, ce chapitre[16] de cour ;
Mais il faut que mon cœur vous plaigne en votre amour,
Et pour vous découvrir là-dessus mes pensées,
Je souhaiterais fort vos ardeurs mieux placées.
Vous méritez, sans doute, un sort beaucoup plus doux,
Et celle qui vous charme[17] est indigne de vous.

ALCESTE

Mais, en disant cela, songez-vous, je vous prie,
Que cette personne est, Madame, votre amie ?

ARSINOÉ

Oui ; mais ma conscience est blessée en effet
De souffrir[18] plus longtemps le tort que l'on vous fait ;
L'état où je vous vois afflige trop mon âme,
Et je vous donne avis qu'on trahit votre flamme.

ALCESTE

C'est me montrer, Madame, un tendre mouvement[19],
Et de pareils avis obligent[20] un amant !

ARSINOÉ

Oui, toute[21] mon amie, elle est et je la nomme
Indigne d'asservir le cœur d'un galant[22] homme ;

12. Dédains.
13. À flatter.
14. Parfaits.
15. Subir la sottise.
16. Ce sujet.
17. Ensorcèle.
18. Supporter.
19. Sentiment.
20. Attachent (par un service rendu).
21. Quoique.
22. Honnête.

Et le sien n'a pour vous que de feintes douceurs.

ALCESTE
Cela se peut, Madame : on ne voit pas les cœurs ;
Mais votre charité se serait bien passée[1]
De jeter dans le mien une telle pensée.

ARSINOÉ
Si vous ne voulez pas être désabusé[2],
Il faut ne vous rien dire, il[3] est assez aisé.

ALCESTE
Non ; mais sur ce sujet quoi que l'on nous expose,
Les doutes sont fâcheux plus que toute autre chose ;
Et je voudrais, pour moi, qu'on ne me fît savoir
Que ce qu'avec clarté l'on peut me faire voir.

ARSINOÉ
Hé bien ! C'est assez dit ; et sur cette matière
Vous allez recevoir une pleine lumière.
Oui, je veux que de tout vos yeux vous fassent foi[4] :
Donnez-moi seulement la main jusque chez moi ;
Là je vous ferai voir une preuve fidèle
De l'infidélité du cœur de votre belle ;
Et si pour d'autres yeux le vôtre peut brûler,
On pourra vous offrir de quoi vous consoler.

1. Aurait dû s'abstenir.
2. Détrompé.
3. Cela.
4. Vous donnent la preuve.

Mise en scène de Marcel Bluwal, avec Danièle Lebrun (Célimène) et Michel Piccoli (Alceste), Paris, Théâtre de la Ville, septembre 1969.

Scène 1

ÉLIANTE, PHILINTE

PHILINTE

Non, l'on n'a point vu d'âme à manier si dure,
Ni d'accommodement[1] plus pénible à conclure :
En vain de tous côtés on l'a voulu tourner,
Hors de son sentiment[2] on n'a pu l'entraîner ;
Et jamais différend[3] si bizarre, je pense,
N'avait de ces Messieurs[4] occupé la prudence[5].
« Non, Messieurs, disait-il, je ne me dédis point,
Et tomberai d'accord de tout, hors[6] de ce point.
De quoi s'offense-t-il ? et que veut-il me dire ?
Y va-t-il de sa gloire à ne pas bien écrire ?
Que lui fait mon avis, qu'il a pris de travers ?
On peut être honnête homme et faire mal des vers :
Ce n'est point à l'honneur que touchent ces matières ;
Je le tiens galant homme[7] en toutes les manières,
Homme de qualité, de mérite et de cœur,
Tout ce qu'il vous plaira, mais fort méchant[8] auteur.
Je louerai, si l'on veut, son train[9] et sa dépense,
Son adresse à cheval, aux armes, à la danse ;
Mais pour louer ses vers, je suis son serviteur[10] ;
Et lorsque d'en mieux faire on n'a pas le bonheur,
On ne doit de rimer avoir aucune envie,
Qu'on n'y soit[11] condamné sur peine de la vie[12]. »
Enfin toute la grâce et l'accommodement
Où s'est, avec effort, plié son sentiment[13],
C'est de dire, croyant adoucir bien son style :

1. D'arrangement (dans la querelle qui oppose Alceste à Oronte).
2. Son opinion.
3. Désaccord.
4. Les Maréchaux (voir encart p. 57).
5. La sagesse, l'expérience.
6. Sauf.
7. Je le considère comme un homme du monde.
8. Mauvais.
9. Son style de vie.
10. Je m'y refuse (formule par laquelle on saluait quelqu'un en le quittant).
11. A moins d'y être.
12. Sous peine de mort.
13. Auquel il a contraint avec effort son opinion.

« Monsieur, je suis fâché d'être si difficile,
Et pour l'amour de vous, je voudrais, de bon cœur,
Avoir trouvé tantôt votre sonnet meilleur. »
Et dans une embrassade[14], on leur a, pour conclure,
Fait vite envelopper[15] toute la procédure.

ÉLIANTE
Dans ses façons d'agir, il est fort singulier;
Mais j'en fais, je l'avoue, un cas particulier,
Et la sincérité dont son âme se pique[16]
A quelque chose, en soi, de noble et d'héroïque.
C'est une vertu rare au siècle d'aujourd'hui,
Et je la voudrais voir partout comme chez lui.

PHILINTE
Pour moi, plus je le vois, plus surtout je m'étonne
De cette passion où son cœur s'abandonne :
De l'humeur[17] dont le Ciel a voulu le former,
Je ne sais pas comment il s'avise d'aimer;
Et je sais moins encor comment votre cousine
Peut être la personne où[18] son penchant l'incline.

ÉLIANTE
Cela fait assez voir que l'amour, dans les cœurs,
N'est pas toujours produit par un rapport d'humeurs :
Et toutes ces raisons de douces sympathies
Dans cet exemple-ci se trouvent démenties.

PHILINTE
Mais croyez-vous qu'on[19] l'aime, aux choses[20] qu'on peut voir?

ÉLIANTE
C'est un point qu'il n'est pas fort aisé de savoir.

Humeurs et sympathies

Éliante fait allusion à des questions largement débattues, sous l'influence de la préciosité, dans toute la littérature de l'époque. On se demandait si l'amour ne pouvait naître qu'entre des personnes « d'humeurs » (de tempéraments) semblables, et l'on constatait avec fascination l'existence de « sympathies » qui attiraient inexplicablement deux êtres l'un vers l'autre. ■

14. En leur faisant se donner l'accolade.
15. Achever.
16. Se flatte, se vante.
17. Avec le caractère.
18. Vers laquelle.
19. Elle (Célimène).
20. D'après les signes.

Comment pouvoir juger s'il est vrai qu'elle l'aime ?
Son cœur de ce qu'il sent n'est pas bien sûr lui-même ;
Il aime quelquefois sans qu'il le sache bien,
Et croit aimer aussi parfois qu'il[1] n'en est rien.

PHILINTE

Je crois que notre ami, près de cette cousine,
Trouvera des chagrins plus qu'il ne s'imagine ;
Et s'il avait mon cœur[2], à dire vérité,
Il tournerait ses vœux tout d'un autre côté,
Et par un choix plus juste, on le verrait, Madame,
Profiter des bontés que lui montre votre âme.

ÉLIANTE

Pour moi, je n'en fais point de façons, et je croi[3]
Qu'on doit, sur de tels points, être de bonne foi :
Je ne m'oppose point à toute sa tendresse[4] ;
Au contraire, mon cœur pour elle s'intéresse[5] ;
Et si c'était qu'à moi la chose pût tenir[6],
Moi-même à ce qu'il aime on me verrait l'unir.
Mais si dans un tel choix, comme tout se peut faire,
Son amour éprouvait quelque destin contraire,
S'il fallait que d'un autre on couronnât les feux[7],
Je pourrais me résoudre à recevoir ses vœux[8] ;
Et le refus souffert[9], en pareille occurrence,
Ne m'y ferait trouver aucune répugnance.

PHILINTE

Et moi, de mon côté, je ne m'oppose pas,
Madame, à ces bontés qu'ont pour lui vos appas[10] ;
Et lui-même, s'il veut, il peut bien vous instruire
De ce que là-dessus j'ai pris soin de lui dire.

1. Alors qu'il.
2. S'il était comme moi.
3. Graphie pour la rime.
4. Son amour pour Célimène.
5. Prend parti pour elle, la favorise.
6. Si la chose ne dépendait que de moi.
7. S'il fallait que Célimène en choisisse un autre.
8. À accepter Alceste pour soupirant.
9. Le rejet subi par Alceste.
10. Charmes.

Mais si, par un hymen[11] qui les joindrait eux deux,
Vous étiez hors d'état de recevoir ses vœux,
Tous les miens tenteraient la faveur éclatante
Qu'avec tant de bonté votre âme lui présente :
Heureux si, quand son cœur s'y pourra dérober,
Elle[12] pouvait sur moi, Madame, retomber.

ÉLIANTE

Vous vous divertissez[13], Philinte.

PHILINTE

Non, Madame,
Et je vous parle ici du meilleur de mon âme,
J'attends l'occasion de m'offrir hautement[14],
Et de tous mes souhaits j'en presse le moment.

Scène 2

ALCESTE, ÉLIANTE, PHILINTE

ALCESTE

Ah ! faites-moi raison[15], Madame, d'une offense
Qui vient de triompher de toute ma constance[16].

ÉLIANTE

Qu'est-ce donc ? Qu'avez-vous qui vous puisse émouvoir ?

ALCESTE

J'ai ce que sans mourir je ne puis concevoir ;
Et le déchaînement de toute la nature

11. Un mariage.
12. Votre faveur.
13. Vous plaisantez.
14. Ouvertement.
15. Vengez-moi.
16. Ma fermeté d'âme.

Ne m'accablerait pas comme cette aventure[1].
C'en est fait… Mon amour… Je ne saurais parler.

ÉLIANTE
Que votre esprit un peu tâche à se rappeler[2].

ALCESTE
Ô juste Ciel ! faut-il qu'on joigne à tant de grâces
Les vices odieux des âmes les plus basses ?

ÉLIANTE
Mais encor qui vous peut… ?

ALCESTE
Ah ! tout est ruiné ;
Je suis, je suis trahi, je suis assassiné :
Célimène… Eût-on pu croire cette nouvelle ?
Célimène me trompe et n'est qu'une infidèle.

ÉLIANTE
Avez-vous, pour le croire, un juste fondement ?

PHILINTE
Peut-être est-ce un soupçon conçu légèrement,
Et votre esprit jaloux prend parfois des chimères[3]…

ALCESTE
Ah, morbleu ! mêlez-vous, Monsieur, de vos affaires.
À Eliante.
C'est de sa trahison n'être que trop certain,
Que l'avoir, dans ma poche, écrite de sa main.
Oui, Madame, une lettre écrite pour Oronte
A produit[4] à mes yeux ma disgrâce et sa honte :

1. Cet événement.
2. Se reprendre.
3. Se fait parfois des idées.
4. A révélé.

Oronte, dont j'ai cru qu'elle fuyait les soins[5],
Et que de mes rivaux je redoutais le moins.

PHILINTE

Une lettre peut bien tromper par l'apparence,
Et n'est pas quelquefois si coupable qu'on pense.

ALCESTE

Monsieur, encore un coup, laissez-moi, s'il vous plaît,
Et ne prenez souci que de votre intérêt[6].

ÉLIANTE

Vous devez modérer vos transports, et l'outrage…

ALCESTE

Madame, c'est à vous qu'appartient cet ouvrage[7] ;
C'est à vous que mon cœur a recours aujourd'hui
Pour pouvoir s'affranchir de son cuisant ennui[8].
Vengez-moi d'une ingrate et perfide parente,
Qui trahit lâchement une ardeur si constante ;
Vengez-moi de ce trait[9] qui doit vous faire horreur.

ÉLIANTE

Moi, vous venger ! Comment ?

ALCESTE

En recevant mon cœur.
Acceptez-le, Madame, au lieu de l'infidèle :
C'est par là que je puis prendre vengeance d'elle ;
Et je la veux punir par les sincères vœux,
Par le profond amour, les soins respectueux,
Les devoirs empressés et l'assidu service[10]
Dont ce cœur va vous faire un ardent sacrifice[11].

5. Les tendresses.
6. De vos affaires.
7. Cette tâche (de « modérer [mes] transports »).
8. Tourment.
9. Ce coup, cette traitrise.
10. La cour assidue.
11. Une offrande passionnée.

ÉLIANTE
Je compatis, sans doute[1], à ce que vous souffrez,
Et ne méprise point le cœur que vous m'offrez ;
Mais peut-être le mal n'est pas si grand qu'on pense,
Et vous pourrez quitter ce désir de vengeance.
Lorsque l'injure part d'un objet[2] plein d'appas,
On fait force desseins[3] qu'on n'exécute pas :
On a beau voir, pour rompre, une raison puissante,
Une coupable aimée est bientôt innocente ;
Tout le mal qu'on lui veut se dissipe aisément,
Et l'on sait ce que c'est qu'un courroux[4] d'un amant.

ALCESTE
Non, non, Madame, non : l'offense est trop mortelle,
Il n'est point de retour, et je romps avec elle ;
Rien ne saurait changer le dessein que j'en fais,
Et je me punirais de l'estimer jamais[5].
La voici. Mon courroux redouble à cette approche ;
Je vais de sa noirceur lui faire un vif reproche,
Pleinement la confondre[6], et vous porter après
Un cœur tout dégagé de ses trompeurs attraits.

Scène 3

CÉLIMÈNE, ALCESTE

ALCESTE, *à part.*
Ô Ciel ! de mes transports[7] puis-je être ici le maître ?

1. Assurément.
2. D'un être aimé.
3. Beaucoup de projets.
4. Une colère.
5. Un jour.
6. La démasquer.
7. Mes émotions.

CÉLIMÈNE, *à part.*
Ouais ![8]
À Alceste.
Quel est donc le trouble où je vous vois paraître ?
Et que me veulent dire et ces soupirs poussés,
Et ces sombres regards que sur moi vous lancez ?

ALCESTE
Que toutes les horreurs dont une âme est capable
À vos déloyautés n'ont rien de comparable ;
Que le sort, les démons, et le Ciel en courroux
N'ont jamais rien produit[9] de si méchant que vous.

CÉLIMÈNE
Voilà certainement des douceurs que j'admire[10].

ALCESTE
Ah ! ne plaisantez point, il n'est pas temps de rire :
Rougissez bien plutôt, vous en avez raison[11] ;
Et j'ai de sûrs témoins[12] de votre trahison.
Voilà ce que marquaient[13] les troubles de mon âme :
Ce n'était pas en vain que s'alarmait ma flamme ;
Par ces fréquents soupçons, qu'on trouvait odieux,
Je cherchais le malheur qu'ont rencontré mes yeux ;
Et malgré tous vos soins[14] et votre adresse à feindre,
Mon astre[15] me disait ce que j'avais à craindre.
Mais ne présumez pas[16] que, sans être vengé,
Je souffre le dépit[17] de me voir outragé.
Je sais que sur les vœux[18] on n'a point de puissance,
Que l'amour veut partout naître sans dépendance,
Que jamais par la force on n'entra dans un cœur,
Et que toute âme est libre à nommer son vainqueur.

8. Exclamation familière marquant la surprise.
9. Montré.
10. Qui m'étonnent.
11. Vous en avez le motif.
12. Preuves.
13. Prédisaient.
14. Toutes vos tendresses.
15. Mon destin.
16. N'allez pas croire.
17. Le chagrin rageur.
18. L'amour.

Aussi ne trouverais-je aucun sujet de plainte,
Si pour moi votre bouche avait parlé sans feinte;
Et, rejetant[1] mes vœux dès le premier abord,
Mon cœur n'aurait eu droit de s'en prendre qu'au sort.
Mais d'un[2] aveu trompeur voir ma flamme applaudie,
C'est une trahison, c'est une perfidie,
Qui ne saurait trouver de trop grands châtiments,
Et je puis tout permettre à mes ressentiments.
Oui, oui, redoutez tout après un tel outrage;
Je ne suis plus à moi, je suis tout à la rage :
Percé du coup mortel dont vous m'assassinez,
Mes sens par la raison ne sont plus gouvernés,
Je cède aux mouvements d'une juste colère,
Et je ne réponds pas de ce que je puis faire.

CÉLIMÈNE

D'où vient donc, je vous prie, un tel emportement?
Avez-vous, dites-moi, perdu le jugement?

ALCESTE

Oui, oui, je l'ai perdu, lorsque dans votre vue[3]
J'ai pris, pour mon malheur, le poison qui me tue,
Et que j'ai cru trouver quelque sincérité
Dans les traîtres appas dont je fus enchanté[4].

CÉLIMÈNE

De quelle trahison pouvez-vous donc vous plaindre?

ALCESTE

Ah! que ce cœur est double et sait bien l'art de feindre!
Mais pour le mettre à bout[5], j'ai des moyens tous[6] prêts;
Jetez ici les yeux, et connaissez vos traits[7];

1. Si elle avait rejeté.
2. Par un.
3. En vous voyant.
4. Ensorcelé.
5. Le vaincre.
6. Tout.
7. Reconnaissez votre écriture.

Ce billet découvert[8] suffit pour vous confondre,
Et contre ce témoin, on n'a rien à répondre.

CÉLIMÈNE
Voilà donc le sujet qui vous trouble l'esprit ?

ALCESTE
Vous ne rougissez pas en voyant cet écrit ?

CÉLIMÈNE
Et par quelle raison faut-il que j'en rougisse ?

ALCESTE
Quoi ? vous joignez ici l'audace à l'artifice ?
Le désavouerez-vous, pour n'avoir point de seing[9] ?

CÉLIMÈNE
Pourquoi désavouer un billet de ma main ?

ALCESTE
Et vous pouvez le voir sans demeurer confuse
Du crime dont vers[10] moi son style[11] vous accuse ?

CÉLIMÈNE
Vous êtes, sans mentir, un grand extravagant[12].

ALCESTE
Quoi ? vous bravez ainsi ce témoin convaincant ?
Et ce qu'il m'a fait voir de douceur pour Oronte
N'a donc rien qui m'outrage, et qui vous fasse honte ?

CÉLIMÈNE
Oronte ! Qui vous dit que la lettre est pour lui ?

8. La découverte de ce billet.
9. Sous prétexte qu'il n'est pas signé.
10. Envers.
11. Ce qu'il révèle, son contenu.
12. Vous délirez complètement.

ALCESTE

Les gens qui dans mes mains l'ont remise aujourd'hui.
Mais je veux consentir[1] qu'elle soit pour un autre :
Mon cœur en a-t-il moins à se plaindre du vôtre ?
En serez-vous vers moi moins coupable en effet[2] ?

CÉLIMÈNE

Mais si c'est une femme à qui va ce billet,
En quoi vous blesse-t-il ? et qu'a-t-il de coupable ?

ALCESTE

Ah ! le détour[3] est bon, et l'excuse admirable.
Je ne m'attendais pas, je l'avoue, à ce trait[4],
Et me voilà, par là, convaincu tout à fait.
Osez-vous recourir à ces ruses grossières ?
Et croyez-vous les gens si privés de lumières[5] ?
Voyons, voyons un peu par quel biais[6], de quel air[7],
Vous voulez soutenir un mensonge si clair,
Et comment vous pourrez tourner pour une femme
Tous les mots d'un billet qui montre tant de flamme ?
Ajustez[8], pour couvrir un manquement de foi[9],
Ce que je m'en vais lire…

CÉLIMÈNE

Il ne me plaît pas, moi.
Je vous trouve plaisant[10] d'user d'un tel empire[11],
Et de me dire au nez ce que vous m'osez dire.

ALCESTE

Non, non : sans s'emporter[12], prenez un peu souci
De me justifier les termes que voici.

1. Je veux bien admettre.
2. En réalité.
3. La manœuvre.
4. Ce coup habile.
5. Si stupides.
6. Par quel moyen mensonger.
7. Avec quel aplomb.
8. Adaptez, arrangez.
9. Une infidélité.
10. Grotesque.
11. Un tel pouvoir.
12. Sans que nous nous fâchions.

CÉLIMÈNE
Non, je n'en veux rien faire ; et dans cette occurrence[13],
Tout ce que vous croirez m'est de peu d'importance.

ALCESTE
De grâce, montrez-moi, je serai satisfait,
Qu'on peut pour une femme expliquer ce billet.

CÉLIMÈNE
Non, il est pour Oronte, et je veux qu'on le croie ;
Je reçois tous ses soins avec beaucoup de joie ;
J'admire ce qu'il dit ; j'estime ce qu'il est,
Et je tombe d'accord de tout ce qu'il vous plaît.
Faites, prenez parti, que rien ne vous arrête,
Et ne me rompez pas davantage la tête.

ALCESTE, *à part.*
Ciel ! rien de plus cruel peut-il être inventé ?
Et jamais cœur fut-il de la sorte traité ?
Quoi ? d'un juste courroux je suis ému contre elle,
C'est moi qui me viens plaindre, et c'est moi qu'on querelle !
On pousse ma douleur et mes soupçons à bout,
On me laisse tout croire, on fait gloire[14] de tout ;
Et cependant mon cœur est encore assez lâche
Pour ne pouvoir briser la chaîne qui l'attache,
Et pour ne pas s'armer d'un généreux[15] mépris
Contre l'ingrat objet dont il est trop épris !
(À Célimène.)
Ah ! que vous savez bien ici, contre moi-même,
Perfide, vous servir de ma faiblesse extrême,
Et ménager pour vous[16] l'excès prodigieux

13. Circonstance.
14. On se vante.
15. Noble.
16. Utiliser à votre profit.

De ce fatal amour né de vos traîtres yeux !
Défendez-vous au moins d'un crime qui m'accable,
Et cessez d'affecter[1] d'être envers moi coupable ;
Rendez-moi, s'il se peut, ce billet innocent[2] :
À vous prêter les mains[3] ma tendresse consent ;
Efforcez-vous ici de paraître fidèle,
Et je m'efforcerai, moi, de vous croire telle.

CÉLIMÈNE

Allez, vous êtes fou, dans vos transports jaloux,
Et ne méritez pas l'amour qu'on a pour vous.
Je voudrais bien savoir qui[4] pourrait me contraindre
À descendre pour vous aux bassesses de feindre,
Et pourquoi, si mon cœur penchait d'autre côté,
Je ne le dirais pas avec sincérité.
Quoi ? de mes sentiments l'obligeante[5] assurance
Contre tous vos soupçons ne prend pas ma défense ?
Auprès d'un tel garant, sont-ils[6] de quelque poids ?
N'est-ce pas m'outrager que d'écouter leur voix ?
Et puisque notre cœur[7] fait un effort extrême
Lorsqu'il peut se résoudre à confesser qu'il aime,
Puisque l'honneur du sexe[8], ennemi de nos feux[9],
S'oppose fortement à de pareils aveux,
L'amant qui voit pour lui franchir un tel obstacle
Doit-il impunément[10] douter de cet oracle[11] ?
Et n'est-il pas coupable en ne s'assurant pas[12]
À ce qu'on ne dit point qu'après[13] de grands combats ?
Allez, de tels soupçons méritent ma colère,
Et vous ne valez pas que l'on vous considère ;
Je suis sotte, et veux mal à ma simplicité[14]
De conserver encor pour vous quelque bonté ;

1. De faire semblant.
2. Montrez-moi [...] que ce billet est innocent.
3. À vous y aider.
4. Ce qui.
5. La flatteuse.
6. Vos soupçons.
7. Le cœur des femmes.
8. Des femmes.
9. Nos passions.
10. Sans être puni (en perdant notre amour).
11. Cette parole sacrée.
12. En ne faisant pas confiance.
13. Ce qu'on ne dit qu'après.
14. J'en veux à ma naïveté.

Je devrais autre part attacher mon estime,
Et vous faire un sujet de plainte légitime.

ALCESTE

Ah ! traîtresse, mon faible[15] est étrange pour vous !
Vous me trompez sans doute[16] avec des mots si doux ;
Mais il n'importe, il faut suivre ma destinée :
À votre foi[17] mon âme est toute abandonnée ;
Je veux voir, jusqu'au bout, quel sera votre cœur,
Et si de me trahir il aura la noirceur.

CÉLIMÈNE

Non, vous ne m'aimez point comme il faut que l'on aime.

ALCESTE

Ah ! rien n'est comparable à mon amour extrême ;
Et dans l'ardeur qu'il a de se montrer à tous,
Il va jusqu'à former des souhaits contre vous.
Oui, je voudrais qu'aucun ne vous trouvât aimable,
Que vous fussiez réduite en un sort misérable,
Que le Ciel, en naissant[18], ne vous eût donné rien,
Que vous n'eussiez ni rang, ni naissance[19], ni bien,
Afin que de mon cœur l'éclatant sacrifice
Vous pût d'un pareil sort réparer l'injustice,
Et que j'eusse la joie et la gloire, en ce jour,
De vous voir tenir tout des mains de mon amour.

CÉLIMÈNE

C'est me vouloir du bien d'une étrange manière !
Me préserve le Ciel que vous ayez matière[20]... !
Voici Monsieur Du Bois, plaisamment figuré[21].

15. Ma faiblesse.
16. Sans aucun doute.
17. Votre amour.
18. À votre naissance.
19. Noble naissance.
20. Que vous en ayez l'occasion.
21. Avec une drôle d'allure.

Scène 4

DU BOIS, CÉLIMÈNE, ALCESTE

ALCESTE

Que veut cet équipage[1], et cet air effaré?
Qu'as-tu?

DU BOIS

Monsieur…

ALCESTE

Hé bien!

DU BOIS

Voici bien des mystères.

ALCESTE

Qu'est-ce?

DU BOIS

Nous sommes mal, Monsieur, dans nos affaires.

ALCESTE

Quoi?

DU BOIS

Parlerai-je haut[2]?

ALCESTE

Oui, parle, et promptement.

1. Que signifie cette tenue de voyage.
2. À haute voix.

DU BOIS
N'est-il point là quelqu'un… ?

ALCESTE
Ah ! que d'amusement[3] !
Veux-tu parler ?

DU BOIS
Monsieur, il faut faire retraite[4].

ALCESTE
Comment ?

DU BOIS
Il faut d'ici déloger sans trompette[5].

ALCESTE
Et pourquoi ?

DU BOIS
Je vous dis qu'il faut quitter ce lieu.

ALCESTE
La cause ?

DU BOIS
Il faut partir, Monsieur, sans dire adieu.

ALCESTE
Mais par quelle raison me tiens-tu ce langage ?

DU BOIS
Par la raison, Monsieur, qu'il faut plier bagage.

3. Quelle perte de temps.
4. Quitter ces lieux (vocabulaire militaire).
5. Partir sans bruit (vocabulaire militaire).

ALCESTE

Ah! je te casserai la tête assurément,
Si tu ne veux, maraud[1], t'expliquer autrement.

DU BOIS

Monsieur, un homme noir et d'habit et de mine
Est venu nous laisser, jusque dans la cuisine,
Un papier griffonné d'une telle façon,
Qu'il faudrait, pour le lire, être pis[2] que démon.
C'est de votre procès, je n'en fais aucun doute;
Mais le diable d'enfer, je crois, n'y verrait goutte[3].

ALCESTE

Hé bien? quoi? ce papier, qu'a-t-il à démêler[4],
Traître, avec le départ dont tu viens me parler?

DU BOIS

C'est pour vous dire ici, Monsieur, qu'une heure ensuite[5],
Un homme qui souvent vous vient rendre visite
Est venu vous chercher avec empressement,
Et ne vous trouvant pas, m'a chargé doucement,
Sachant que je vous sers avec beaucoup de zèle[6],
De vous dire… Attendez, comme est-ce qu'il s'appelle?

ALCESTE

Laisse là son nom, traître, et dis ce qu'il t'a dit.

DU BOIS

C'est un de vos amis enfin, cela suffit.
Il m'a dit que d'ici votre péril vous chasse,
Et que d'être arrêté le sort vous y menace.

Huissier de justice

Par ce rapide croquis tant physique que moral (*l'habit* de cet homme est aussi *noir* que sa *mine*), Du Bois permet d'identifier le redoutable huissier, mandaté pour exécuter les décisions de justice. Dans *Tartuffe* (V, 4), Damis apostrophe ainsi Monsieur Loyal, venu déposséder de ses biens toute la famille au profit de Tartuffe : « Vous pourriez bien ici, sur votre noir jupon / Monsieur l'huissier à verge, attirer le bâton ». ■

1. Scélérat, vaurien.
2. Pire.
3. N'y comprendrait rien.
4. En quoi est-il lié.
5. Après.
6. Dévouement.

ALCESTE
Mais quoi ? n'a-t-il voulu te rien spécifier[7] ?

DU BOIS
Non : il m'a demandé de l'encre et du papier,
Et vous a fait un mot, où vous pourrez, je pense,
Du fond de ce mystère avoir la connaissance.

ALCESTE
Donne-le donc.

CÉLIMÈNE
Que peut envelopper[8] ceci ?

ALCESTE
Je ne sais ; mais j'aspire à m'en voir éclairci.
Auras-tu bientôt fait, impertinent au diable[9] ?

DU BOIS, *après l'avoir longtemps cherché.*
Ma foi ! je l'ai, Monsieur, laissé sur votre table.

ALCESTE
Je ne sais qui me tient[10]...

CÉLIMÈNE
Ne vous emportez pas,
Et courez démêler un pareil embarras.

ALCESTE
Il semble que le sort, quelque soin que je prenne,
Ait juré d'empêcher que je vous entretienne[11] ;
Mais pour en triompher, souffrez[12] à mon amour
De vous revoir, Madame, avant la fin du jour.

7. Préciser.
8. Cacher.
9. Imbécile digne d'aller au diable.
10. Ce qui me retient.
11. Que j'aie une discussion avec vous.
12. Permettez.

Mise en scène de Serge Lipszyc, avec J. Leonelli (Acaste), S. Meallet (Clitandre), V. Durin (Célimène), S. Lipszyc (Alceste), B. Cadillon (Philinte), G. Chabanier (Dubois), J. Corne (Éliante). Paris, théâtre du Ranelagh, mars 2011.

Analyse d'images ▶ p. 137

Mise en scène de J.-P. Miquel (acte II)

avec Ch. Gonon (Acaste), C. de Bayser (Célimène), L. d'Olce (Clitandre), I. Gardien (Eliante), L. Natrella (Philinte), D. Podalydès (Alceste), Paris, théâtre du Vieux-Colombier, 2000.

Mise en scène de J. Lassalle (acte II)

avec L. Manzoni (Acaste), M. Basler (Célimène), M. Saporta (Clitandre), Maison de la Culture de Bobigny, 1999.

Mise en scène d'A. Vitez (acte IV)
avec D. Blanc (Célimène), P. Kerbrat (Alceste), Paris, Théâtre National de Chaillot, 1988.

Mise en scène d'E. Di Giovanni (acte V)

avec G. Cesbron (Acaste), V. Sacri (Célimène), D. Guibert (Clitandre), F. Lescurat (Philinte), Paris, théâtre Mouffetard, 2009.

Acteurs en répétition

Analyse d'images ▶ p. 139

Le Dernier Métro, *film de F. Truffaut (1980)*

avec G. Depardieu (Bernard Granger), J. Poiret (Jean-Loup Cottin), C. Deneuve (Marion Steiner), S. Haudepin (Nadine Marsac).

Alceste à bicyclette, *film de Ph. Le Guay (2013)*
avec F. Luchini (Serge), L. Wilson (Gauthier).

Alceste à bicyclette, *film de Ph. Le Guay (2013)*
avec F. Luchini (Serge).

Elvire Jouvet 40, *spectacle de B. Jaques (1986)*

avec Ph. Clévenot (Louis Jouvet), É. Vigner (Octave/Dom Juan), V. Vallier (Léon/Sganarelle), M. de Medeiros (Claudia/Elvire).

Scène 1

ALCESTE, PHILINTE

ALCESTE

La résolution en est prise, vous dis-je.

PHILINTE

Mais, quel que soit ce coup, faut-il qu'il vous oblige… ?

ALCESTE

Non : vous avez beau faire et beau me raisonner,
Rien de ce que je dis ne me peut détourner[1] :
Trop de perversité règne au siècle où nous sommes,
Et je veux me tirer du commerce[2] des hommes.
Quoi ? contre ma partie[3] on voit tout à la fois
L'honneur, la probité[4], la pudeur, et les lois ;
On publie[5] en tous lieux l'équité[6] de ma cause ;
Sur la foi de[7] mon droit mon âme se repose :
Cependant je me vois trompé par le succès[8] ;
J'ai pour moi la justice, et je perds mon procès !
Un traître, dont on sait la scandaleuse histoire,
Est sorti triomphant d'une fausseté[9] noire !
Toute la bonne foi cède à sa trahison !
Il trouve, en m'égorgeant, moyen d'avoir raison !
Le poids de sa grimace[10], où brille l'artifice,
Renverse le bon droit, et tourne[11] la justice !
Il fait par un arrêt[12] couronner son forfait !
Et non content encor du tort que l'on me fait,
Il court parmi le monde[13] un livre abominable,

1. Rien ne peut me détourner de ma résolution.
2. Me retirer de la fréquentation.
3. Mon adversaire (dans le procès).
4. L'honnêteté.
5. On fait savoir, on célèbre.
6. La justesse.
7. La confiance dans.
8. Le résultat (du procès).
9. Grâce à une tromperie.
10. Son hypocrisie.
11. Détourne, fausse.
12. Un jugement.
13. Dans le public.

Et de qui la lecture est même condamnable,
Un livre à mériter la dernière rigueur,
Dont le fourbe a le front[1] de me faire l'auteur !
Et là-dessus, on voit Oronte qui murmure,
Et tâche méchamment d'appuyer l'imposture !
Lui, qui d'un honnête homme à la cour tient le rang,
À qui je n'ai rien fait qu'être sincère et franc,
Qui me vient, malgré moi, d'une ardeur empressée,
Sur des vers qu'il a faits demander ma pensée ;
Et parce que j'en use[2] avec honnêteté,
Et ne le veux trahir, lui[3] ni la vérité,
Il aide à m'accabler d'un crime imaginaire !
Le voilà devenu mon plus grand adversaire !
Et jamais de son cœur je n'aurai de pardon,
Pour n'avoir pas trouvé que son sonnet fût bon !
Et les hommes, morbleu ! sont faits de cette sorte !
C'est à ces actions que la gloire[4] les porte !
Voilà la bonne foi, le zèle vertueux,
La justice et l'honneur que l'on trouve chez eux !
Allons, c'est trop souffrir[5] les chagrins qu'on nous forge :
Tirons-nous[6] de ce bois et de ce coupe-gorge.
Puisque entre humains ainsi vous vivez en vrais loups,
Traîtres, vous ne m'aurez de ma vie avec vous.

PHILINTE

Je trouve un peu bien prompt le dessein[7] où vous êtes,
Et tout le mal n'est pas si grand que vous le faites :
Ce que votre partie ose vous imputer[8]
N'a point eu le crédit de[9] vous faire arrêter ;
On voit son faux rapport lui-même se détruire,
Et c'est une action qui pourrait bien lui nuire.

Le Livre abominable

À coup sûr, Molière met dans la bouche d'Alceste une allusion à l'actualité de 1666. Il peut s'agir de l'*Histoire amoureuse des Gaules* de Bussy-Rabutin, chronique scandaleuse de la Cour qui valut à son auteur la prison puis l'exil; ou bien de *L'Innocence persécutée*, comédie politique sur le procès de Foucquet, qui dénonçait violemment l'absolutisme royal et les manœuvres de Colbert. Certains l'attribuèrent à Molière. ■

1. L'audace.
2. J'agis.
3. Ni lui.
4. La vanité.
5. Supporter avec patience.
6. Sortons. (Le mot n'a pas le registre familier qu'il possède aujourd'hui.)
7. Le projet.
8. Attribuer.
9. N'a pas été assez puissant pour.

ALCESTE

Lui ? De semblables tours il ne craint point l'éclat[10],
Il a permission d'être franc scélérat ;
Et loin qu'à son crédit nuise cette aventure,
On l'en verra demain en meilleure posture.

PHILINTE

Enfin il est constant[11] qu'on n'a point trop donné[12]
Au bruit que contre vous sa malice[13] a tourné :
De ce côté déjà vous n'avez rien à craindre ;
Et pour votre procès, dont vous pouvez vous plaindre,
Il vous est en justice aisé d'y revenir,
Et contre cet arrêt…

ALCESTE

Non : je veux m'y tenir.
Quelque sensible tort qu'un tel arrêt me fasse[14],
Je me garderai bien de vouloir qu'on le casse[15] :
On y voit trop à plein[16] le bon droit maltraité,
Et je veux qu'il demeure à la postérité
Comme une marque insigne, un fameux témoignage
De la méchanceté des hommes de notre âge[17].
Ce sont vingt mille francs qu'il m'en pourra coûter ;
Mais, pour vingt mille francs, j'aurai droit de pester
Contre l'iniquité[18] de la nature humaine,
Et de nourrir pour elle une immortelle haine.

PHILINTE

Mais enfin…

ALCESTE

Mais enfin, vos soins[19] sont superflus :

10. Le scandale.
11. Vérifié.
12. On n'a guère cru.
13. Méchanceté.
14. Même si un tel jugement me porte un tort considérable.
15. On l'annule (vocabulaire judiciaire).
16. À l'évidence.
17. Notre époque.
18. L'injustice.
19. Vos efforts.

Que pouvez-vous, Monsieur, me dire là-dessus ?
Aurez-vous bien le front de me vouloir en face
Excuser les horreurs de tout ce qui se passe ?

PHILINTE

Non, je tombe d'accord de tout ce qu'il vous plaît :
Tout marche par cabale[1] et par pur intérêt ;
Ce n'est plus que la ruse aujourd'hui qui l'emporte,
Et les hommes devraient être faits d'autre sorte.
Mais est-ce une raison que leur peu d'équité
Pour vouloir se tirer de leur société ?
Tous ces défauts humains nous donnent dans la vie
Des moyens d'exercer notre philosophie :
C'est le plus bel emploi que trouve la vertu ;
Et si de probité tout était revêtu,
Si tous les cœurs étaient francs, justes et dociles[2],
La plupart des vertus nous seraient inutiles,
Puisqu'on en met l'usage à pouvoir sans ennui[3]
Supporter, dans nos droits[4], l'injustice d'autrui ;
Et de même qu'un cœur d'une vertu profonde…

ALCESTE

Je sais que vous parlez, Monsieur, le mieux du monde ;
En beaux raisonnements vous abondez toujours ;
Mais vous perdez le temps et tous vos beaux discours.
La raison, pour mon bien, veut que je me retire :
Je n'ai point sur ma langue un assez grand empire[5] ;
De ce que je dirais je ne répondrais pas[6],
Et je me jetterais cent choses[7] sur les bras.
Laissez-moi, sans dispute[8], attendre Célimène :
Il faut qu'elle consente au dessein qui m'amène ;

1. Intrigue.
2. Ouverts au bien.
3. Sans en être troublés.
4. Quand nous sommes dans nos droits.
5. Pouvoir.
6. Je ne pourrais pas garantir la prudence de mes paroles.
7. Affaires, ennuis.
8. Sans discuter.

Je vais voir si son cœur a de l'amour pour moi,
Et c'est ce moment-ci qui doit m'en faire foi[9].

PHILINTE

Montons chez Éliante, attendant sa venue.

ALCESTE

Non : de trop de souci je me sens l'âme émue.
Allez-vous-en la voir, et me laissez enfin
Dans ce petit coin sombre, avec mon noir chagrin.

PHILINTE

C'est une compagnie étrange pour attendre,
Et je vais obliger[10] Éliante à descendre.

Scène 2

ORONTE, CÉLIMÈNE, ALCESTE

ORONTE

Oui, c'est à vous de voir si par des nœuds[11] si doux,
Madame, vous voulez m'attacher tout à vous.
Il me faut de votre âme une pleine assurance :
Un amant là-dessus n'aime point qu'on balance[12].
Si l'ardeur de mes feux a pu vous émouvoir,
Vous ne devez point feindre[13] à me le faire voir ;
Et la preuve, après tout, que je vous en demande,
C'est de ne plus souffrir qu'Alceste vous prétende[14],
De le sacrifier, Madame, à mon amour,
Et de chez vous enfin le bannir dès ce jour.

9. M'en donner la preuve.
10. Inviter.
11. Des liens de mariage.
12. Qu'on hésite.
13. Tarder, hésiter.
14. Vous recherche en mariage.

CÉLIMÈNE

Mais quel sujet si grand contre lui vous irrite,
Vous à qui[1] j'ai tant vu parler de son mérite ?

ORONTE

Madame, il ne faut point ces éclaircissements ;
Il s'agit de savoir quels sont vos sentiments.
Choisissez, s'il vous plaît, de garder l'un ou l'autre :
Ma résolution n'attend rien que la vôtre.

ALCESTE, *sortant du coin où il s'était retiré.*

Oui, Monsieur a raison : Madame, il faut choisir,
Et sa demande ici s'accorde à mon désir.
Pareille ardeur me presse, et même soin[2] m'amène ;
Mon amour veut du vôtre une marque certaine,
Les choses ne sont plus pour[3] traîner en longueur,
Et voici le moment d'expliquer votre cœur.

ORONTE

Je ne veux point, Monsieur, d'une[4] flamme importune
Troubler aucunement votre bonne fortune.

ALCESTE

Je ne veux point, Monsieur, jaloux ou non jaloux,
Partager de son cœur rien du tout avec vous.

ORONTE

Si votre amour au mien lui semble préférable…

ALCESTE

Si du moindre penchant elle est pour vous capable…

1. Vous que.
2. Souci.
3. Ne doivent plus.
4. Par une.

ORONTE
Je jure de n'y rien prétendre désormais.

ALCESTE
Je jure hautement de ne la voir jamais.

ORONTE
Madame, c'est à vous de parler sans contrainte.

ALCESTE
Madame, vous pouvez vous expliquer sans crainte.

ORONTE
Vous n'avez qu'à nous dire où s'attachent vos vœux.

ALCESTE
Vous n'avez qu'à trancher, et choisir de nous deux.

ORONTE
Quoi ? sur un pareil choix vous semblez être en peine !

ALCESTE
Quoi ? votre âme balance et paraît incertaine !

CÉLIMÈNE
Mon Dieu ! que cette instance[5] est là hors de saison[6],
Et que vous témoignez[7], tous deux, peu de raison !
Je sais prendre parti sur cette préférence,
Et ce n'est pas mon cœur maintenant qui balance :
Il n'est point suspendu, sans doute[8], entre vous deux,
Et rien n'est si tôt fait que le choix de nos vœux.
Mais je souffre, à vrai dire, une gêne trop forte[9]

5. Exigence.
6. Malvenue.
7. Montrez.
8. Sans aucun doute.
9. Un vrai supplice.

À prononcer en face un aveu de la sorte :
Je trouve que ces mots qui sont désobligeants
Ne se doivent point dire en présence des gens ;
Qu'un cœur de son penchant donne assez de lumière[1],
Sans qu'on nous fasse aller jusqu'à rompre en visière[2] ;
Et qu'il suffit enfin que de plus doux témoins[3]
Instruisent un amant du malheur de ses soins[4].

ORONTE

Non, non, un franc aveu n'a rien que j'appréhende :
J'y consens pour ma part.

ALCESTE

Et moi, je le demande :
C'est son éclat[5] surtout qu'ici j'ose exiger,
Et je ne prétends point vous voir rien ménager[6].
Conserver tout le monde est votre grande étude[7] ;
Mais plus d'amusement[8], et plus d'incertitude :
Il faut vous expliquer nettement là-dessus,
Ou bien pour un arrêt[9] je prends votre refus ;
Je saurai, de ma part, expliquer ce silence,
Et me tiendrai pour dit tout le mal que j'en pense.

ORONTE

Je vous sais fort bon gré[10], Monsieur, de ce courroux[11],
Et je lui dis ici même chose que vous.

CÉLIMÈNE

Que vous me fatiguez avec un tel caprice !
Ce que vous demandez a-t-il de la justice ?
Et ne vous dis-je pas quel motif me retient ?
J'en vais prendre pour juge Éliante qui vient.

1. Assez de preuves.
2. Attaquer de front (ici, par des paroles brutales).
3. Des témoignages moins brutaux.
4. De son échec amoureux.
5. Sa manifestation éclatante.
6. Je ne veux aucun compromis de votre part.
7. Votre grand travail.
8. De retard, de délai.
9. Une décision.
10. Je vous suis très reconnaissant.
11. Cette colère.

Scène 3

Éliante, Philinte, Célimène, Oronte, Alceste

Célimène

Je me vois, ma cousine, ici persécutée
Par des gens dont l'humeur y paraît concertée[12].
Ils veulent l'un et l'autre, avec même chaleur,
Que je prononce entre eux le choix que fait mon cœur,
Et que, par un arrêt qu'en face il me faut rendre,
Je défende à l'un d'eux tous les soins qu'il peut prendre.
Dites-moi si jamais cela se fait ainsi.

Éliante

N'allez point là-dessus me consulter ici :
Peut-être y pourriez-vous être mal adressée,
Et je suis pour les gens qui disent leur pensée.

Oronte

Madame, c'est en vain que vous vous défendez.

Alceste

Tous vos détours ici[13] seront mal secondés.

Oronte

Il faut, il faut parler, et lâcher la balance[14].

Alceste

Il ne faut que poursuivre à[15] garder le silence.

12. Paraît s'accorder (pour me nuire).
13. Avec Éliante.
14. Faire un choix (en laissant pencher la balance).
15. Continuer de.

ORONTE
Je ne veux qu'un seul mot pour finir nos débats.

ALCESTE
Et moi, je vous entends[1] si vous ne parlez pas.

Scène 4

ACASTE, CLITANDRE, ARSINOÉ, PHILINTE, ÉLIANTE, ORONTE, CÉLIMÈNE, ALCESTE

ACASTE, *à Célimène.*
Madame, nous venons tous deux, sans vous déplaire,
Éclaircir avec vous une petite affaire.

CLITANDRE, *à Oronte et à Alceste.*
Fort à propos, Messieurs, vous vous trouvez ici,
Et vous êtes mêlés dans cette affaire aussi.

ARSINOÉ, *à Célimène.*
Madame, vous serez surprise de ma vue[2] ;
Mais ce sont ces Messieurs qui causent ma venue :
Tous deux ils m'ont trouvée, et se sont plaints à moi,
D'un trait à qui mon cœur ne saurait prêter foi[3].
J'ai du fond de votre âme une trop haute estime,
Pour vous croire jamais capable d'un tel crime :
Mes yeux ont démenti[4] leurs témoins[5] les plus forts ;
Et l'amitié passant sur de petits discords[6],
J'ai bien voulu chez vous leur faire compagnie,
Pour vous voir vous laver de cette calomnie.

1. Je vous comprends.
2. De me voir.
3. D'une mauvaise action à laquelle je ne peux croire.
4. Ont refusé de croire.
5. Témoignages.
6. Désaccords.

ACASTE

Oui, madame, voyons, d'un esprit adouci,
Comment vous vous prendrez à soutenir ceci[7].
Cette lettre par vous est écrite à Clitandre ?

CLITANDRE

Vous avez pour Acaste écrit ce billet tendre ?

ACASTE, *à Oronte et à Alceste.*

Messieurs, ces traits[8] pour vous n'ont point d'obscurité,
Et je ne doute pas que sa civilité[9]
À connaître sa main[10] n'ait trop su vous instruire ;
Mais ceci vaut assez la peine de le lire.

Vous êtes un étrange homme de condamner mon enjouement, et de me reprocher que je n'ai jamais tant de joie que lorsque je ne suis pas avec vous. Il n'y a rien de plus injuste ; et si vous ne venez vite me demander pardon de cette offense, je ne vous la pardonnerai de ma vie. Notre grand flandrin[11] de Vicomte…

Il devrait être ici.

Notre grand flandrin de Vicomte, par qui vous commencez vos plaintes, est un homme qui ne saurait me revenir[12] ; et depuis que je l'ai vu, trois quarts d'heure durant, cracher dans un puits pour faire des ronds, je n'ai pu jamais prendre bonne opinion de lui. Pour le petit Marquis…

C'est moi-même, messieurs, sans nulle vanité.

Pour le petit Marquis, qui me tint hier longtemps la main, je trouve qu'il n'y a rien de si mince que toute sa personne ; et ce sont de ces mérites[13] qui n'ont que la cape et l'épée[14]. Pour l'homme aux rubans verts…

(À Alceste.)

À vous le dé[15], Monsieur.

L'homme aux rubans verts

Ce détail vestimentaire qualifie si bien Alceste que l'expression est devenue proverbiale pour désigner le personnage. Au XVIIe s., le vert symbolisait la folie, et sur scène, Molière portait souvent cette couleur pour incarner ses personnages extravagants : à sa création, M. de Pourceaugnac était ainsi affublé de jarretières, d'une plume au chapeau, d'une écharpe et d'une jupe toutes du plus beau vert. ■

7. Vous parviendrez à faire face à ceci.
8. Cette écriture.
9. La politesse de Célimène.
10. À reconnaître son écriture.
11. Homme mal bâti, grand et chétif.
12. Me convenir.
13. Ces gens de mérite.
14. Qui sont sans consistance (la cape et l'épée sont les seuls biens d'un noble désargenté).
15. À votre tour (terme de jeu).

Pour l'homme aux rubans verts, il me divertit quelquefois avec ses brusqueries et son chagrin bourru[1] *; mais il est cent moments où je le trouve le plus fâcheux*[2] *du monde. Et pour l'homme à la veste…*

(À Oronte.)

Voici votre paquet.

Et pour l'homme à la veste, qui s'est jeté dans le bel esprit[3] *et veut être auteur malgré tout le monde, je ne puis me donner la peine d'écouter ce qu'il dit ; et sa prose me fatigue autant que ses vers. Mettez-vous donc en tête que je ne me divertis pas toujours si bien que vous pensez ; que je vous trouve à dire*[4] *plus que je ne voudrais, dans toutes les parties*[5] *où l'on m'entraîne ; et que c'est un merveilleux assaisonnement aux plaisirs qu'on goûte que la présence des gens qu'on aime.*

CLITANDRE

Me voici maintenant moi.

Votre Clitandre dont vous me parlez, et qui fait tant le doucereux, est le dernier des hommes pour qui j'aurais de l'amitié. Il est extravagant de se persuader qu'on l'aime ; et vous l'êtes de croire qu'on ne vous aime pas.

Changez, pour être raisonnable, vos sentiments contre les siens ; et voyez-moi le plus que vous pourrez pour m'aider à porter[6] *le chagrin d'en être obsédée*[7].

D'un fort beau caractère[8] on voit là le modèle,
Madame, et vous savez comment cela s'appelle ?
Il suffit : nous allons l'un et l'autre en tous lieux
Montrer de votre cœur le portrait glorieux.

ACASTE

J'aurais de quoi vous dire, et belle est la matière ;

1. Sa mauvaise humeur bizarre.
2. Ennuyeux, pénible.
3. Les ambitions littéraires.
4. Je regrette votre absence.
5. Les festivités.
6. Supporter.
7. D'être assiégée, courtisée par lui.
8. Type humain, digne d'un portrait.

Mais je ne vous tiens pas digne de ma colère ;
Et je vous ferai voir que les petits marquis
Ont, pour se consoler, des cœurs du plus haut prix.
(Ils sortent.)

ORONTE

Quoi ? De cette façon je vois qu'on me déchire,
Après tout ce qu'à moi je vous ai vu m'écrire !
Et votre cœur, paré de beaux semblants d'amour,
À tout le genre humain se promet tour à tour !
Allez, j'étais trop dupe, et je vais ne plus l'être.
Vous me faites un bien[9], me faisant vous connaître :
J'y profite d'[10] un cœur qu'ainsi vous me rendez,
Et trouve ma vengeance en ce que vous perdez.
(À Alceste.)
Monsieur, je ne fais plus d'obstacle à votre flamme,
Et vous pouvez conclure affaire avec Madame.
(Il sort.)

ARSINOÉ, *à Célimène.*

Certes, voilà le trait du monde le plus noir ;
Je ne m'en saurais taire, et me sens émouvoir[11].
Voit-on des procédés qui soient pareils aux vôtres ?
Je ne prends point de part aux intérêts des autres ;
(Montrant Alceste.)
Mais Monsieur, que chez vous fixait votre bonheur[12],
Un homme comme lui, de mérite et d'honneur,
Et qui vous chérissait avec idolâtrie[13],
Devait-il... ?

ALCESTE

Laissez-moi, Madame, je vous prie,

9. Vous me rendez service.
10. J'y regagne.
11. M'indigner.
12. Que votre chance vous attachait.
13. Adoration.

Vider mes intérêts[1] moi-même là-dessus,
Et ne vous chargez point de ces soins superflus.
Mon cœur a beau vous voir prendre ici sa querelle[2],
Il n'est point en état de payer ce grand zèle :
Et ce n'est pas à vous que je pourrai songer,
Si par un autre choix je cherche à me venger.

ARSINOÉ

Hé ! croyez-vous, Monsieur, qu'on ait cette pensée,
Et que de vous avoir on soit tant empressée ?
Je vous trouve un esprit bien plein de vanité,
Si de cette créance[3] il peut s'être flatté,
Le rebut de Madame[4] est une marchandise
Dont on aurait grand tort d'être si fort éprise.
Détrompez-vous, de grâce, et portez-le moins haut[5] :
Ce ne sont pas des gens comme moi qu'il vous faut ;
Vous ferez bien encor de soupirer pour elle,
Et je brûle de voir une union si belle.
(Elle se retire.)

ALCESTE, *à Célimène.*

Hé bien ! je me suis tu, malgré ce que je voi[6].
Et j'ai laissé parler tout le monde avant moi :
Ai-je pris sur moi-même un assez long empire[7],
Et puis-je maintenant… ?

CÉLIMÈNE

Oui, vous pouvez tout dire :
Vous en êtes en droit, lorsque vous vous plaindrez,
Et de me reprocher tout ce que vous voudrez.
J'ai tort, je le confesse, et mon âme confuse
Ne cherche à vous payer d'aucune vaine excuse.

1. Régler mes affaires.
2. Défendre ma cause.
3. Croyance.
4. Le cœur que Célimène a rejeté.
5. Soyez moins arrogant.
6. Graphie pour la rime.
7. Me suis-je maîtrisé assez longtemps.

J'ai des autres ici méprisé le courroux,
Mais je tombe d'accord de mon crime envers vous
Votre ressentiment, sans doute, est raisonnable[8] :
Je sais combien je dois vous paraître coupable,
Que toute chose dit que j'ai pu vous trahir,
Et qu'enfin vous avez sujet de me haïr.
Faites-le, j'y consens.

ALCESTE

Hé ! le puis-je, traîtresse ?
Puis-je ainsi triompher de toute ma tendresse ?
Et quoique avec ardeur je veuille vous haïr,
Trouvé-je un cœur en moi tout prêt à m'obéir ?
(À Éliante et Philinte.)
Vous voyez ce que peut une indigne[9] tendresse,
Et je vous fais tous deux témoins de ma faiblesse.
Mais, à vous dire vrai, ce n'est pas encor tout,
Et vous allez me voir la pousser jusqu'au bout,
Montrer que c'est à tort que sages on nous nomme,
Et que dans tous les cœurs il est toujours de l'homme[10].
(À Célimène.)
Oui, je veux bien, perfide, oublier vos forfaits ;
J'en saurai, dans mon âme, excuser tous les traits[11],
Et me les couvrirai du nom d'[12] une faiblesse
Où le vice du temps[13] porte votre jeunesse,
Pourvu que votre cœur veuille donner les mains[14]
Au dessein que j'ai fait de fuir tous les humains,
Et que dans mon désert[15], où j'ai fait vœu de vivre,
Vous soyez, sans tarder, résolue à me suivre :
C'est par là seulement que, dans tous les esprits,
Vous pouvez réparer le mal de vos écrits,

8. Justifié.
9. Imméritée.
10. Il y a toujours une faiblesse humaine.
11. Toutes les actions indignes.
12. Et je les atténuerai en les considérant comme.
13. La corruption actuelle.
14. Consentir.
15. Ma retraite.

Et qu'après cet éclat[1], qu'un noble cœur abhorre[2],
Il peut m'être permis de vous aimer encore.

CÉLIMÈNE

Moi, renoncer au monde avant que de vieillir,
Et dans votre désert aller m'ensevelir !

ALCESTE

Et s'il faut qu'à mes feux votre flamme réponde,
Que vous doit importer tout le reste du monde ?
Vos désirs avec moi ne sont-ils pas contents[3] ?

CÉLIMÈNE

La solitude effraye une âme de vingt ans :
Je ne sens point la mienne assez grande, assez forte,
Pour me résoudre à prendre un dessein de la sorte…
Si le don de ma main peut contenter vos vœux,
Je pourrai me résoudre à serrer de tels nœuds[4] :
Et l'hymen[5]…

ALCESTE

Non : mon cœur à présent vous déteste[6],
Et ce refus lui seul fait plus que tout le reste.
Puisque vous n'êtes point, en des liens si doux,
Pour[7] trouver tout en moi, comme moi tout en vous,
Allez, je vous refuse, et ce sensible[8] outrage
De vos indignes fers pour jamais me dégage[9].
(Célimène se retire, et Alceste parle à Éliante.)
Madame, cent vertus ornent votre beauté,
Et je n'ai vu qu'en vous de la sincérité ;
De vous, depuis longtemps, je fais un cas extrême[10] ;
Mais laissez-moi toujours vous estimer de même ;

1. Ce scandale.
2. Déteste.
3. Comblés.
4. À nouer de tels liens.
5. Le mariage.
6. Vous a en horreur (sens plus fort qu'aujourd'hui).
7. Capable de.
8. Manifeste.
9. Me dégage pour toujours de l'amour immérité qui me lie à vous.
10. J'ai une immense estime.

Et souffrez[11] que mon cœur, dans ses troubles divers,
Ne se présente point à l'honneur de vos fers[12] :
Je m'en sens trop indigne, et commence à connaître[13]
Que le ciel pour ce nœud ne m'avait point fait naître ;
Que ce serait pour vous un hommage trop bas
Que le rebut d'un cœur[14] qui ne vous valait pas ;
Et qu'enfin…

ÉLIANTE

Vous pouvez suivre cette pensée :
Ma main de se donner n'est pas embarrassée ;
Et voilà votre ami, sans trop m'inquiéter[15],
Qui, si je l'en priais, la pourrait accepter.

PHILINTE

Ah ! cet honneur, Madame, est toute mon envie,
Et j'y sacrifierais et mon sang et ma vie.

ALCESTE

Puissiez-vous, pour goûter de vrais contentements,
L'un pour l'autre à jamais garder ces sentiments !
Trahi de toutes parts, accablé d'injustices,
Je vais sortir d'un gouffre où triomphent les vices,
Et chercher sur la terre un endroit écarté
Où d'être homme d'honneur on ait la liberté.

PHILINTE

Allons, Madame, allons employer toute chose,
Pour rompre le dessein que son cœur se propose.

11. Permettez.
12. Ne demande pas l'honneur de vous épouser.
13. Comprendre.
14. Qu'un cœur rejeté (par Célimène).
15. Sans que je sois en peine de trouver un époux.

Fabrice Luchini (Serge Tanneur) dans *Alceste à bicyclette*,
film de Philippe Le Guay (2013).

« Le comique, la puissance du rire, est dans le rieur et nullement dans l'objet du rire. »

Ch. Baudelaire

Relire…

Le Misanthrope

Testez votre lecture

Acte I

1 Pourquoi Alceste est-il en colère contre Philinte, dans les scènes 1 et 3 ?

2 Les deux amis s'opposent sur l'attitude à adopter par rapport à la société. Résumez en quelques mots la position de chacun.

3 La colère d'Oronte va susciter pour Alceste « une fâcheuse affaire », prédit Philinte (v. 440). Comment cela va-t-il se vérifier dans la suite de la pièce ?

4 Qui Alceste attend-il ? Dans quel but ?

Acte II

5 Que demande Alceste à Célimène, dans la scène 1 ? Repérez les passages où il renouvelle cette demande dans la suite de la pièce.

6 Pourquoi Alceste veut-il d'abord sortir, puis décide-t-il de rester ?

7 Que vient faire le garde à la fin de l'acte II ?

8 Rappelez les traits essentiels du portrait de Célimène que faisait Philinte à l'acte I. Dans quelle mesure l'attitude de la jeune femme dans cet acte le confirme-t-elle ?

Acte III

9 Quelle conséquence le pacte entre Acaste et Clitandre aura-t-il sur la suite de l'action ?

10 Quel jugement Célimène porte-t-elle sur Arsinoé à la scène 3 ? Montrez comment la scène 4 reprend les principaux traits de ce jugement.

11 Dans quel but affiché Arsinoé vient-elle rendre visite à Célimène ? Quelle est sa motivation véritable ?

12 Quelle conséquence la dispute entre Célimène et Arsinoé aura-t-elle sur la suite de l'action ?

Acte IV

13 Où se passe l'épisode que raconte Philinte, à la scène 1 ? Qui en sont les acteurs ?

14 Quel événement de l'acte V le dialogue entre Philinte et Éliante prépare-t-il ?

15 D'où Alceste tient-il la lettre qui accuse Célimène ?

16 Pourquoi Alceste doit-il fuir, à la fin de l'acte ? Quelle suite sera donnée à cette scène ?

Acte V

17 Quel est ce « traître » dont parle Alceste au vers 1493 ? Quand le spectateur en a-t-il déjà entendu parler ?

18 Pourquoi Alceste se réfugie-t-il dans un « petit coin sombre » à la fin de la scène 2 ? Pourquoi en sort-il ensuite ?

19 Pourquoi l'alliance entre Alceste et Oronte, à la scène 3, est-elle surprenante ? Comment s'explique-t-elle ?

20 À l'exception des deux valets et du garde, la dernière scène réunit tous les personnages du *Misanthrope*. Quelle autre scène de la pièce a réuni presque autant de monde ? Quelle signification peut-on trouver à ce rapprochement ?

Structure de l'œuvre

Scènes	Personnages	Sujets
		Acte I • Le misanthrope et l'homme affable
		L'affrontement entre Philinte et Alceste pose le débat moral de la pièce, et permet de faire ressortir les deux fils dramatiques : l'intrigue amoureuse (avec la mention de Célimène) et l'intrigue judicaire (entre le procès qui va se conclure et l'affaire qui s'annonce avec Oronte).
1	**Philinte, Alceste**	Débat animé entre Philinte, pour qui la vie sociale impose un peu de complaisance, et son ami Alceste, partisan d'une franchise intransigeante.
2	**Oronte, Alceste**	À Oronte qui lui demande son avis sur un sonnet de sa composition, Alceste ne peut que dire son jugement très sévère. Oronte s'estime gravement offensé.
3	**Philinte, Alceste**	Voici Alceste avec une nouvelle affaire sur les bras, qui s'ajoute à un procès mal engagé.
		Acte II • Le triomphe de Célimène
		Alceste assiste, impuissant et souffrant, à tout ce qu'il déteste chez la femme qu'il aime : un exercice brillant de mondanité, mélange de médisance et de flatteries.
1	**Alceste, Célimène**	Alceste reproche sa coquetterie à Célimène, qu'il aime, mais il doit bien convenir que sa passion est plus forte que ses principes.
2-3	**Célimène, Alceste, Basque**	Au grand dépit d'Alceste, Célimène accepte de recevoir Acaste, puis Clitandre, jeunes marquis en vue à la cour.
4	**Éliante, Philinte, Acaste, Clitandre, Alceste, Célimène**	Devant un parterre d'auditeurs amusés, Célimène médit avec esprit de plusieurs personnes de la cour (« scène des portraits »). Alceste s'emporte contre ce jeu malsain.
5-6	**Les mêmes, Basque, Garde**	Sur plainte d'Oronte, Alceste est convoqué à un tribunal de gentilshommes.
		Acte III • La coquette et la fausse prude
		L'affrontement avec Arsinoé confirme le triomphe de Célimène, mais l'acte est lourd de menaces contre elle : la fausse prude est décidée à lui nuire, et l'entente des petits marquis va la dévoiler. Dans les deux cas, ses écrits la perdront.
1	**Clitandre, Acaste**	Les deux vaniteux marquis, rivaux auprès de Célimène, s'engagent à s'effacer devant celui des deux qui prouvera qu'il a la préférence.
2-3	**Célimène, Acaste, Clitandre, Basque**	On annonce la visite d'Arsinoé à Célimène, qui dit tout le mal qu'elle pense de cette fausse prude.

4	**Arsinoé, Célimène**	Chacune des deux femmes prétend renseigner charitablement l'autre sur sa réputation. L'échange se clôt sur un ton aigre.
5	**Alceste, Arsinoé**	Arsinoé essaie de séduire Alceste et de le détourner de Célimène, dont elle veut lui prouver l'infidélité.

Acte IV • Impuissance amoureuse du misanthrope

Célimène se sort brillamment de la première offensive menée contre elle (avec sa lettre remise par Arsinoé à Alceste), mais l'alerte a été chaude. Quant à Alceste, il doit doublement battre en retraite, sur le plan amoureux et sur le plan judiciaire.

1	**Éliante, Philinte**	Philinte raconte à Éliante, la cousine de Célimène, la réconciliation forcée entre Alceste et Oronte. Il lui avoue par ailleurs sa tendresse pour elle, qui de son côté aime Alceste.
2	**Alceste, Éliante, Philinte**	Irruption furieuse d'Alceste, qui brandit la preuve que Célimène le trahit. Par vengeance, il offre son amour à Éliante.
3	**Célimène, Alceste**	Alceste accuse vertement Célimène, mais elle retourne la situation, et Alceste doit convenir de sa faiblesse.
4	**Du Bois, Célimène, Alceste**	Son valet Dubois annonce à Alceste qu'il doit fuir, pour éviter une arrestation.

Acte V • La fuite au désert

Un dénouement crépusculaire : les masques tombent, tous les personnages sont réunis pour quitter les un après les autres le plateau. Ne restent que les deux témoins du désastre, et la perspective d'un mariage qui n'était pas celui qu'on attendait.

1	**Alceste, Philinte**	Contre toute justice, Alceste a perdu son procès : cela renforce sa haine de la société. Il vient proposer à Célimène de la fuir avec lui.
2	**Oronte, Célimène, Alceste**	D'accord sur ce point, Alceste et Oronte demandent à Célimène de choisir entre eux ; elle cherche à gagner du temps.
3	**Éliante, Philinte, Célimène, Oronte, Alceste**	Elle appelle à son secours Éliante, qui lui conseille la franchise.
4	**Acaste, Clitandre, Arsinoé, Philinte, Éliante, Oronte, Célimène, Alceste**	Acaste et Clitandre rendent publiques des lettres où Célimène ridiculise ses soupirants. Tous sortent scandalisés, sauf Alceste, prêt à pardonner si Célimène quitte Paris avec lui. Elle refuse, et Alceste la maudit, avant de fuir, laissant Philinte et Éliante se marier.

Pause lecture 1 Comment le misanthrope est-il mis à l'épreuve ?

Acte I, scène 2, v. 293-378, p. 28-33

Retour au texte

1 • Sur l'ensemble de la scène 2, délimitez les différents moments du crescendo qui aboutit à la violente dispute entre Alceste et Oronte.

2 • Comment la lecture du sonnet vient-elle logiquement dans la scène ?

Interprétations

Alceste pris au piège

3 • En rapprochant les vers 300-303 et 337-340, montrez comment Alceste se laisse piéger par Oronte.

4 • Quel est le ton des apartés d'Alceste, v. 320-338 ? Par quels procédés est-il rendu ? Quelle situation traduit-il ?

5 • En quoi les premières réponses d'Alceste, v. 341-373, peuvent-elles paraître doublement habiles ?

6 • Cette attitude d'Alceste est-elle conforme aux principes qu'il a exposés à la scène 1 (voir les textes 1 et 2, p. 121-122) ?

Au-delà des faux semblants

7 • Comparez l'attitude d'Oronte aux vers 305-313 et 351-375. Quel changement observe-t-on ? Comment l'expliquer ?

8 • Résumez les critiques émises par Alceste aux vers 341-373. Quel « honnête homme » idéal ces vers définissent-ils négativement ?

Et vous ?

Écriture d'invention

On rapporte qu'à la création de la pièce, certains trouvèrent d'abord très réussi le sonnet d'Oronte, avant d'entendre Alceste en faire la critique, et qu'ils « en demeurèrent ensuite tout confus ». Racontez la scène dans une lettre rédigée par un spectateur témoin de cette méprise.

Vers l'oral du bac

1 **Question sur l'extrait étudié** – Étudiez les divers procédés et effets du comique.

2 **Question sur un autre extrait (II, 1, v. 1 à 80 : « Oui. »)** – Comment ce début de pièce oppose-t-il deux caractères et deux philosophies ?

*Dans un article de l'*Encyclopédie*, d'Alembert avait prôné l'ouverture d'une salle de spectacle à Genève. Une vive controverse s'en suivit avec Rousseau sur la moralité du théâtre.* Le Misanthrope *servit d'exemple privilégié à cette querelle.*

Texte 1 • Jean-Jacques Rousseau, *Lettre à d'Alembert sur les spectacles*, 1758

La même scène dont je viens de parler m'en fournit la preuve. On y voit Alceste tergiverser et user de détours, pour dire son avis à Oronte. Ce n'est point-là le misanthrope : c'est un honnête homme du monde qui se fait peine de tromper celui qui le consulte. La force du caractère voulait qu'il lui dît brusquement : « votre Sonnet ne vaut rien, jetez le au feu »; mais cela aurait ôté le comique qui naît de l'embarras du Misanthrope et de ses *je ne dis pas cela* répétés, qui pourtant ne sont au fond que des mensonges. Si Philinte, à son exemple, lui eût dit en cet endroit : « *Et que dis-tu donc, traître*? » qu'avait-il à répliquer? En vérité, ce n'est pas la peine de rester misanthrope pour ne l'être qu'à demi : car, si l'on se permet le premier ménagement et la première altération de vérité, où sera la raison suffisante pour s'arrêter jusqu'à ce qu'on devienne aussi faux qu'un homme de Cour?

Texte 2 • D'Alembert, *Lettre à Monsieur Jean-Jacques Rousseau sur l'article « Genève »*, 1759

Vous prétendez que dans cette scène du sonnet, le misanthrope est presque un Philinte, et ses *je ne dis pas cela* répétés avant que de déclarer franchement son avis vous paraissent hors de son caractère. Permettez-moi de n'être pas de votre sentiment. Le misanthrope de Molière n'est pas un homme grossier, mais un homme vrai; ses *je ne dis pas cela*, surtout de l'air dont il les doit prononcer, font suffisamment entendre qu'il trouve le sonnet détestable; ce n'est que quand

Pause lecture 1

Oronte le presse et le pousse à bout, qu'il doit lever le masque et lui rompre en visière[1]. Rien n'est, ce me semble, mieux ménagé et gradué plus adroitement que cette scène ; et je dois rendre cette justice à nos spectateurs modernes, qu'il en est peu qu'ils écoutent avec plus de plaisir.

1. L'attaquer en face.

Mise en scène de Pierre Dux, avec G. Michel (Acaste), B. Agenin (Célimène), G. Descrières (Alceste), Ph. Rondest (Clitandre), M. Duchaussoy (Philinte), D. Constanza (Éliante), Paris, Comédie-Française, 1977.

Pause lecture 2

Comment ne pas être complice de ce réjouissant jeu de massacre ?

Acte II, scène 4, vers 567 à 650, p. 47-51

Retour au texte

1 • Sur quel ton Éliante s'adresse-t-elle à Philinte, aux vers 583-584 ? Quel rôle cette réplique a-t-elle dans la scène ?

2 • Observez l'enchaînement du dialogue. Comment la scène fonctionne-t-elle ?

Interprétations

Un jeu mondain

3 • Observez la répartition et le volume des répliques. Comment mettent-ils en valeur Célimène ?

4 • En quoi le portrait de Damis semble-t-il faire exception à la série ? Quel est l'intérêt de cette originalité ?

5 • Quelles qualités Célimène montre-t-elle ?

Les cibles de la satire

6 • Examinez la façon dont Célimène commence chacun de ses portraits. En quoi sont-ils des « caractères », au sens où Clitandre emploie ce mot, v. 585 ? Appuyez vous pour répondre sur les textes donnés en résonance.

7 • De quels types de personnes fait-on ici la critique ? Relevez les indices qui montrent à quel milieu ils appartiennent.

8 • Les personnages portraiturés par Célimène ne sont pas la seule cible de la satire. Comment l'intervention d'Alceste, juste après cet extrait, va-t-elle mettre cela en évidence ?

Et vous ?

Écriture d'invention

Dans le salon d'une amie, Célimène est amenée par les autres invités à faire les portraits d'Alceste, de Philinte et d'Éliante. Rédigez la scène (en prose ou en alexandrins), en adoptant la construction du texte de Molière.

Vers l'oral du bac

1 **Question sur l'extrait étudié** – Dans quelle mesure cette « scène des portraits » fait-elle avant tout le portrait de Célimène ?

2 **Question sur un autre extrait (II, 4, v. 651 à 710)** – En quoi la position d'Alceste est-elle ambiguë ?

Texte 1 • Bernard Croquette, *Encyclopedia Universalis* : « Portrait, genre littéraire », 2004

B. Croquette est universitaire, spécialiste de la littérature classique.

Bien que l'Antiquité ne l'ait pas ignoré (on connaît la fonction des portraits dans l'œuvre des historiens anciens, Tite-Live ou Tacite), le portrait s'est élaboré en tant que genre au milieu du XVIIe siècle, dans la société précieuse qui se réunissait autour de Mlle de Montpensier et qui, sous l'influence en particulier des romans de Mlle de Scudéry[1] (où les portraits sont multipliés), en a fait un divertissement de société (dont on pourra trouver un échantillon dans l'une des scènes du *Misanthrope*). La princesse et ses familiers collaborent à quatre recueils – ou « galeries » – de portraits qui paraissent de 1659 à 1663. Les textes qui y sont rassemblés obéissent à deux exigences qui tirent toutes deux leur origine de la peinture, mais qui peuvent paraître contradictoires : il faut que le portrait ressemble au modèle (on retrouve cette loi dans le théâtre de Molière, qui oppose aux « portraits faits à plaisir » de la tragédie les portraits fidèles de la comédie), mais ce n'est pas tout d'y faire reconnaître le modèle, il faut encore y faire reconnaître la « manière du peintre ». On voit alors se fixer les caractéristiques qui seront celles du portrait dans les siècles suivants : « Comme autant de coups successifs de crayons, des énoncés parallèles cernent et définissent une image qui, comme celle du peintre, est statique et intemporelle » (J. D. Lafond). Technique accumulative donc et fixité : par une addition de traits physiques et moraux, on pense « épuiser » un objet, atteindre une essence soustraite au temps. [...] Ainsi élaboré le portrait pénètre tous les genres : Mémoires (Retz, Saint-Simon), lettres (Mme de Sévigné) et même sermons (Bourdaloue).

1. Madeleine de Scudéry (1607-1701), la plus grande romancière du courant de la préciosité (voir p. 149).

Texte 2 • La Bruyère, *Caractères*, « De la société et de la conversation », 9, 1688

Dans ses Caractères, *La Bruyère observe les défauts des hommes de son temps et dresse le portrait de types universels.*

Arrias a tout lu, a tout vu, il veut le persuader ainsi ; c'est un homme universel, et il se donne pour tel : il aime mieux mentir que de se taire ou de paraître ignorer quelque chose. On parle à la table d'un grand d'une cour du Nord : il prend la parole, et l'ôte à ceux qui allaient dire ce qu'ils en savent ; il s'oriente dans cette région lointaine comme s'il en était originaire ; il discourt des mœurs de cette cour, des femmes du pays, des ses lois et de ses coutumes ; il récite des historiettes qui y sont arrivées ; il les trouve plaisantes, et il en rit le premier jusqu'à éclater. Quelqu'un se hasarde de le contredire, et lui prouve nettement qu'il dit des choses qui ne sont pas vraies. Arrias ne se trouble point, prend feu au contraire contre l'interrupteur : « Je n'avance, lui dit-il, je raconte rien que je ne sache d'original : je l'ai appris de Sethon, ambassadeur de France dans cette cour, revenu à Paris depuis quelques jours, que je connais familièrement, que j'ai fort interrogé, et qui ne m'a caché aucune circonstance. » Il reprenait le fil de sa narration avec plus de confiance qu'il ne l'avait commencée, lorsque l'un des conviés lui dit : « C'est Sethon à qui vous parlez, lui-même, et qui arrive de son ambassade. »

Pause lecture 3 Pourquoi faut-il « toujours des marquis » ?

Acte III, scène 1, p. 60-63

Retour au texte

1 • En quelle circonstance Acaste et Clitandre sont-ils déjà apparus ?

2 • Quel sujet oppose les deux marquis ? Quel pacte concluent-ils ?

Interprétations

L'autoportrait d'un vaniteux

3 • Quelles sont les différentes rubriques qui composent l'autoportrait d'Acaste (v. 781-804) ? Comment s'enchaînent-elles ?

4 • Quel modèle de relation amoureuse est rejeté par Acaste aux vers 808-814 ?

5 • Quelle métaphore est filée aux vers 815-822 ? Que nous dit-elle sur le personnage d'Acaste ?

Une dispute

6 • En vous fondant sur la suite de la pièce, imaginez pourquoi chacun des deux peut se croire préféré par Célimène.

7 • Quelle qualité Acaste montre-t-il dans sa dispute avec Clitandre (v. 825-838) ?

8 • Lequel des deux remporte cet affrontement ? Justifiez votre réponse.

Et vous ?

Exposé

Comparez Acaste avec Mascarille, à la scène 9 des *Précieuses ridicules* (1659), et reportez-vous aux textes résonances : quels traits restent permanents dans la satire des marquis ?

Vers l'oral du bac

1 **Question sur l'extrait étudié** – Montrez l'habileté avec laquelle Molière utilise ces portraits satiriques pour préparer le dénouement de la pièce.

2 **Question sur un autre extrait (III, 4, v. 878 à 960)** – Étudiez les phénomènes de reprise et de parallélisme entre ces deux tirades. Comment permettent-ils de dégager un vainqueur dans cet affrontement ?

Texte 1 • Molière, *L'Impromptu de Versailles*, 1663

L'Impromptu de Versailles *met en scène, sous leurs propres identités, Molière et sa troupe, improvisant un spectacle pour le roi.*

Mademoiselle Molière. – Toujours des marquis!
Molière. – Oui, toujours des marquis. Que diable voulez-vous qu'on prenne pour un caractère agréable de théâtre? Le marquis aujourd'hui est le plaisant[1] de la comédie; et comme dans toutes les comédies anciennes on voit toujours un valet bouffon qui fait rire les auditeurs, de même, dans toutes nos pièces de maintenant, il faut toujours un marquis ridicule qui divertisse la compagnie.

Scène 1.

1. Le bouffon.

Texte 2 • Molière, *Les Fâcheux*, 1662

Déjà dans Les Fâcheux *(1662), Molière critiquait l'attitude au théâtre de certains petits marquis, qui perturbent la représentation par leur sans-gêne. Il livre le portrait de l'un d'eux à travers le récit d'Éraste, un gentilhomme qui a eu la malchance de le rencontrer au spectacle.*

Chacun le maudissait; et moi, pour l'arrêter :
« Je serais, ai-je dit, bien aise d'écouter.
– Tu n'as point vu ceci[1], Marquis? Ah! Dieu me damne,
Je le trouve assez drôle, et je n'y suis pas âne;
Je sais par quelles lois un ouvrage est parfait,
Et Corneille me vient lire tout ce qu'il fait. »
Là-dessus de la pièce il m'a fait un sommaire[2],
Scène à scène averti de ce qui s'allait faire;
Et jusques à des vers qu'il en savait par cœur,

1. La pièce à laquelle ils assistent. 2. Un résumé.

Pause lecture 3

Il me les récitait tout haut avant l'acteur.
J'avais beau m'en défendre, il a poussé sa chance,
Et s'est devers[1] la fin levé longtemps d'avance ;
Car les gens du bel air, pour agir galamment[2],
Se gardent bien surtout ouïr[3] le dénouement.

Acte I, scène 1, v. 49-62.

1. Vers. 2. De façon distinguée. 3. D'entendre.

Mise en scène de Lukas Hemleb, avec C. Hervieu-Léger (Acaste), L. Corbery (Clitandre), Paris, Comédie-Française, 2007.

Pause lecture 4 L'occasion pour les amants d'enfin « vider [leurs] débats » ?

Acte IV, scène 3, vers 1371 à 1434, p. 89-91

Retour au texte

1 • Qu'est-ce qui a provoqué la colère d'Alceste contre Célimène ?

2 • Quelle tactique Célimène a-t-elle adoptée aux vers 1361-1370 ?

Interprétations

L'amour comme une maladie

3 • Quels éléments donnent à la passion d'Alceste une tonalité tragique ?

4 • En quoi, dans les vers 1387-1390, Alceste renie-t-il ses principes ?

5 • Quel visage Alceste montre-t-il à travers le vœu qu'il expose aux vers 1425-1432 ?

Un amour voué à l'échec

6 • Par quelles étapes, aux vers 1391-1414, Célimène retourne-t-elle contre Alceste l'accusation qu'il portait contre elle ?

7 • Pourquoi Célimène ne peut-elle pas répliquer à ce qu'Alceste attend d'elle ? Pour répondre, rapprochez notamment les vers 1391-1392 et 1421.

8 • Reportez-vous à la scène 1 de l'acte II, et montrez qu'Alceste et Célimène sont arrivés ici à une rupture inéluctable.

Et vous ?

Jeu théâtral

Certains ont vu en Célimène une enjôleuse manipulatrice qui se sort habilement d'un mauvais pas, d'autres une amoureuse sincère qui veut seulement préserver sa liberté face à un jaloux tyrannique (voir textes 1 et 2, p. 130-132). Choisissez l'une de ces deux thèses, et rédigez en fonction d'elle des notes de mise en scène pour cet extrait : placement des personnages, mimiques, intonation.

Vers l'oral du bac

1 **Question sur l'extrait étudié –** Dans quelle mesure cette scène montre-t-elle une incompatibilité radicale entre les deux amants ?

2 **Question sur un autre extrait (IV, 2) –** Montrez qu'Alceste est tout à la fois pathétique, ridicule et odieux, dans cette scène.

Texte 1 • Ferdinand Gache, notes à l'édition du *Misanthrope*, 1949

Une longue tradition misogyne fait de Célimène l'incarnation de la séductrice frivole et infidèle, et pour cela manœuvrière. En témoignent ces notes de la scène 3 de l'acte IV rédigées pour une édition scolaire du milieu du XXe siècle.

[v. 1316] Elle en sait encore trop peu pour répondre ; alors elle interroge en feignant de s'indigner. Elle a besoin d'un mot qui la mette sur la voie ; elle a noué des intrigues si nombreuses qu'elle craint de se tromper. « Quelle est donc celle qu'Alceste a découverte ? »
[v. 1321] Elle veut le faire préciser.
[v. 1326] *On* n'a peut-être rien à répondre ; mais Célimène trouvera. Et d'abord elle va suivre la tactique de ses pareilles : au lieu de répondre, questionner.
[v. 1335] Il faut parler et ne rien dire, ne pas se compromettre ; d'où cette exclamation.
[v. 1337] Nouveau détail qui achève de fixer Célimène.
[v. 1339] Sur le ton de la plus grande surprise. Elle veut le faire parler et savoir au juste jusqu'à quel point : 1°. il est renseigné ; 2°. il peut être pris pour dupe.
[v. 1344] Aux yeux de Célimène, la noblesse d'Alceste, sa générosité, ses beaux élans, son honnêteté scrupuleuse et intransigeante ne sont que des indices de simplicité d'esprit. Elle vient de l'appeler « *grand extravagant* » (v. 1335) et plus d'une fois elle l'a pris pour un grand nigaud. D'où cette tentative. Il fallait qu'elle fût faite pour que la peinture de Célimène fût complète.
[v. 1350] Célimène ne sait pas, ou est incapable de sentir que « un honnête homme peut être amoureux comme un fou, mais non pas comme un sot ». (La Rochefoucauld, *Réflexions morales*, 353.)
[v. 1358] Changement de tactique : indignation et colère.

[v. 1365] C'est *la menteuse*[1] de Daudet (*Femmes d'artistes*) : on ne sait plus quand elle dit la vérité.
[v. 1370] Encore une de ses locutions triviales. C'est le grand moyen : elle lui met le marché en main.
[v. 1392] Sentant qu'elle l'a repris, elle va, avec une belle audace, se mettre à faire justement ce qu'il lui demandait : *s'efforcer de paraître fidèle* (v. 1389).
[v. 1401] Tendance à généraliser ; procédé habile, quand on veut se défendre
[v. 1408] *Grands combats* contre sa propre pudeur. Célimène est seule à ne pas voir combien cette délicatesse exagérée s'accorde mal avec ses airs évaporés et les avances qu'elle prodigue à ses adorateurs. Cette affectation est de règle chez ses pareilles.
[v. 1414] *Légitime*. Finir sur ce mot est un chef-d'œuvre ! Qu'est devenu le juste courroux dont parlait Alceste, v. 1373 ? Imagination, imposture ! C'est elle qui est en droit de se fâcher ! On a remarqué qu'on rit d'Alceste, non de Célimène. On comprend ici pourquoi : la froide et souple traîtrise de cette femme donne le frisson.

1. Personnage éponyme d'une nouvelle de *Femmes d'artistes* (1874), recueil à travers lequel Alphonse Daudet répond par la négative à la question « L'artiste doit-il se marier ? ».

Texte 2 • Jacques Chupeau, Préface au *Misanthrope*, 1996

À l'exemple de Jacques Chupeau, les critiques contemporains récusent cette interprétation.

Célimène existe par elle-même et n'est pas prête à renoncer aux plaisirs de la société. Maîtresse de son destin, elle goûte dans la liberté du veuvage un bonheur qui oppose au chagrin d'Alceste l'affirmation heureuse d'un accord avec le monde élégant du loisir et ses divertissements. Au paradoxe du Misanthrope qui s'exposait, par son refus du jeu social, à donner la comédie, répond le paradoxe symétrique de Célimène qui, en épousant le monde et ses plaisirs, se protège mieux du mensonge et de la mauvaise foi que les zélateurs[1] de la vertu, trouvant dans le jeu de la séduction une forme de naturel et d'innocence que ni les soupçons d'Alceste ni les manœuvres d'Arsinoé ne parviennent à ternir. [...]

À trois reprises dans la pièce, Célimène est mise sur la sellette. Elle triomphe aisément de l'hypocrite Arsinoé, non seulement par l'effet d'une ironie supérieure, mais aussi par la justesse d'une leçon morale qui, au-delà de la fausse prude, rappelle à tous les censeurs

Qu'on doit se regarder soi-même un fort long temps,
Avant que de songer à condamner les gens (v. 951-952),

et qu'il convient de juger autrui avec circonspection dans un monde où l'on peut « louer et blâmer tout » (v. 975). Que Molière ait prêté à Célimène, au centre de la pièce, ces maximes de haute portée, leçons clés de la comédie, donne au personnage une valeur que l'interprétation traditionnelle du rôle a longtemps méconnue ou déformée en faisant de Célimène le type achevé de la « grande coquette ». Les limites de cette interprétation ne sont pas moins sensibles dans la belle scène 3 du quatrième acte où Alceste, guidé par Arsinoé, croit pouvoir convaincre Célimène de la plus noire trahison. Si ce deuxième procès de la jeune veuve tourne à la confusion de l'accusateur, ce n'est pas, comme une longue tradition théâtrale invite à le penser, parce que la coquette se défend avec une magistrale rouerie contre une accusation justifiée, mais bien parce qu'elle fait preuve d'une totale transparence : elle peut avouer sans trouble un billet autorisé par l'usage galant, dont tout porte à croire qu'il relève des jeux d'esprit du badinage; signaler avec franchise à Alceste que ses éclats impérieux passent la mesure; revendiquer enfin la liberté de recevoir avec plaisir les « soins » d'Oronte sans laisser d'accorder à Alceste la préférence d'un cœur trop haut placé pour « descendre [...] aux bassesses de feindre » (v. 1394).

1. Partisans.

Pause lecture 5 Enfin seuls, Alceste et Célimène peuvent-ils se rejoindre ?

Acte V, scène 4, vers 1733 à 1808, p. 110-113

Retour au texte

1 • Retrouvez les différents endroits de la pièce où Alceste a évoqué le projet de « fuir dans un désert ».

Interprétations

L'illusion d'un accord

2 • Rapprochez d'une part les vers 1742-1744, et d'autre part les vers 1756, 1765-1766. Quel malentendu fondamental peut-on y voir entre Alceste et Célimène ?

3 • L'argument de la jeunesse de Célimène est avancé par l'un et l'autre. Montrez qu'il traduit un désaccord radical entre eux.

Une rupture sans retour

4 • Montrez que dans l'amour comme dans la haine, Alceste suit la même logique.

5 • À deux reprises, Célimène met en avant son jeune âge pour refuser la proposition d'Alceste. Pour quelle raison plus fondamentale ne peut-elle pas l'accepter ?

7 • Célimène « *se retire* » sans un mot. Comment peut-on interpréter cette sortie (voir texte 2, p. 135) ?

La retraite au désert

8 • Si l'on se reporte à la scène 2 de l'acte IV (v. 1252-1258), que peut-on attendre après les vers 1785-1787 ? Comment expliquer ce revirement d'Alceste ?

Et vous ?

Écriture d'invention

« Éliante et Philinte n'ont pas perdu de temps dans les coulisses. Le badinage de l'acte IV a porté ses fruits », suggère avec humour Jacques Guicharnaud. Imaginez une scène de dialogue entre eux, située dans le temps qui sépare les actes IV et V, et qui témoignera de l'affection grandissante d'Éliante pour Philinte.

Vers l'oral du bac

1 **Question sur l'extrait étudié** – En quoi ce dénouement est-il à la fois logique et pourtant peu classique pour une comédie ? (texte 1, p. 134)

2 **Question sur un autre extrait (V, 2)** – Dans quelle mesure le piège commence-t-il, avec cette scène, à se refermer sur Célimène ?

Texte 1 • Jacques Guicharnaud, *Molière, Une aventure théâtrale*, 1963

L'auteur voit dans la dernière scène du Misanthrope *un « finale théâtralement satisfaisant [qui] nous offre le spectacle tout humain d'une véritable agonie ».*

On a dit du *Misanthrope* que c'était le drame d'un homme qui ne parvient pas à avoir une explication avec une femme. C'est surtout le drame d'un homme qui ne sait s'il doit partir ou rester, jusqu'au moment où il devient clair pour lui qu'il doit partir.

Car le départ d'Alceste pour son désert ne saurait s'expliquer par la seule déception amoureuse. La querelle avec Oronte, le procès ne sont pas d'inutiles hors-d'œuvre : ils contribuent à souligner le fait qu'au-delà de la situation amoureuse il s'agit de tout un univers, toute une vision du monde, – d'un vœu dont les exigences sont particulièrement claires en amour, mais qui englobe dans sa volonté de transformation tout cde qui existe autour d'Alceste. [...]

Malgré ses déclarations contre le genre humain, Alceste au début de la pièce croyait encore à la victoire possible de sa cause; malgré ses menaces de rompre, ses reproches, sa connaissance des défauts de Célimène, il croyait à la victoire possible de sa conception de l'amour. Il se trompait dans les deux cas, et ces deux derniers échecs sont ceux qui entraînent son départ. Ce départ n'est pas une « invention » car il était en quelque sorte contenu en potentiel dans la nature d'Alceste : il est simplement devenu acte. [...]

Le départ d'Alceste n'est pas majestueux, il est rageur; cette retraite-suicide est certes le parallèle des suicides tragiques, mais ne quitte pas le registre comique. Aucun retentissement cosmique, aucun changement de l'Histoire ne sauraient en résulter. Rien d'autre n'a été et n'est en jeu qu'Alceste lui-même, rien d'autre n'est arrivé que la fermeture définitive d'une prison personnelle.

Texte 2 • Jules Brody, « L'esthétique de l'individualisme chez Molière », 1988

Dans cet essai consacré à Dom Juan *et au* Misanthrope, *l'auteur étudie la façon dont les personnages affirment leur moi au sein du groupe.*

Dans l'interprétation de Madeleine Renaud[1], le silence du retrait de Célimène atteignait à une éloquence presque ineffable : un instant de réflexion, une moue, un haussement d'épaule, enfin ; et soudain, le moment électrisant où, arborant un sourire épanoui, elle ouvre son éventail d'un geste décisif et part avec l'élan et l'insouciance de qui vient tout juste de découvrir la vie et toutes ses possibilités. Et ce geste transforme à lui seul sous nos yeux une défaite morale en un triomphe esthétique.

L'Humanité de Molière, © Librairie Nizet, 1988.

1. Actrice française (1900-1994), elle joua Célimène dans la mise en scène de J.-L. Barrault en 1954 (ci-dessous).

Mise en scène de Jean-Louis Barrault (Alceste), avec Madeleine Renaud (Célimène)
Paris, théâtre Marigny, 1954.

Dossier central images en couleurs

Retour aux images

1 • En prenant appui sur votre lecture de la pièce, identifiez le moment de l'action représenté sur chaque document ; précisez la scène dans l'acte signalé en légende.

2 • Pour chacun de ces quatre documents, trouvez dans le texte du *Misanthrope* une réplique que la photographie pourrait illustrer.

Interprétation

Le destin de Célimène

3 • Comment, dans les documents II et III, l'actrice manifeste-t-elle le pouvoir de Célimène ?

4 • Comment la place et la fonction de la lettre, dans les documents III et IV, traduisent-elles l'évolution du destin de Célimène ?

5 • Comment, dans les documents II et IV, les attitudes des deux marquis et la position de Célimène traduisent-elles le changement de statut de la jeune femme ?

Colère et désarroi d'Alceste

6 • Observez, sur le document I, la disposition des acteurs dans l'espace scénique. Comment traduit-elle les relations entre Alceste et les autres personnages ?

7 • Comparez le document avec ceux des pages 96 et 122. Comment chaque mise en scène traduit-elle la colère d'Alceste ?

8 • Recherchez dans le reste de l'ouvrage les photographies qui mettent en scène le couple d'Alceste et Célimène. Quelles constantes trouve-t-on dans l'attitude et les gestes d'Alceste ?

Éléments de mise en scène

9 • À quelles différentes époques se rapportent les vêtements sur les quatre documents ? Quelle est la conséquence de ce choix de costumes sur l'attitude des personnages ?

10 • Observez les différents sièges sur ces quatre documents. En quoi leur choix est-il chaque fois cohérent avec la mise en scène ?

11 • Caractérisez la lumière sur chacun des documents. Quelle tonalité donne-t-elle à chaque scène représentée ?

I

Mise en scène de J.-P. Miquel (acte II), avec Ch. Gonon (Acaste), C. de Bayser (Célimène), L. d'Olce (Clitandre), I. Gardien (Eliante), L. Natrella (Philinte), D. Podalydès (Alceste), Paris, théâtre du Vieux-Colombier, 2000.

Dans le décor lisse, à la limite de l'abstraction, de cette mise en scène élégante et limpide, Denis Podalydès incarnait un Alceste ardent et ombrageux; face à lui, Clotilde de Bayser prêtait à Célimène une séduction inquiète.

II

Mise en scène de J. Lassalle (acte II), avec L. Manzoni (Acaste), M. Basler (Célimène), M. Saporta (Clitandre), Bobigny, MC93, 1999.

Surplombé de vingt-trois lustres, entouré d'arcades, de miroirs, d'escaliers, et réchauffé seulement par les étoffes somptueuses qui habillaient les comédiens, l'espace vide rappelait la monumentalité de Versailles pour mieux confronter aux grimaces de la Cour l'austérité d'Alceste.

III

Mise en scène d'A. Vitez (acte IV), avec D. Blanc (Célimène), P. Kerbrat (Alceste), Paris, théâtre national de Chaillot, 1988.

Dans le décor de Yannis Kokkos, grande galerie noire qui dessinait une scénographie en profondeur, Dominique Blanc dépouillait Célimène de sa coquetterie traditionnelle, pour retrouver le charme, l'exubérance, l'insolence du personnage, quitte à laisser affleurer quelques éclats tragiques.

IV

Mise en scène d'E. Di Giovanni (acte V), avec G. Cesbron (Acaste), V. Sacri (Célimène), D. Guibert (Clitandre), F. Lescurat (Philinte), Paris, théâtre Mouffetard, 2009.

Modernisant en un *loft* le salon de Célimène, le metteur en scène souhaitait présenter *Le Misanthrope* « comme une "peinture socioculturelle" vivante [...] qui témoigne de l'intemporalité de la pièce », dans un monde « où l'individu se cherche et cherche toujours sa place. »

Analyse d'images 2

Acteurs en répétition

Dossier central images en couleurs

Retour aux images

1 • Renseignez-vous sur les trois œuvres représentées dans ce dossier.
Faites une fiche sur chacune d'elles.

Interprétation

Comédiens au travail

2 • Étudiez, dans les documents V et VIII, la place et la gestuelle du personnage du metteur en scène. Quelle image différente chaque document donne-t-il de son travail ?

3 • Les documents V et VIII présentent chacun trois personnages de comédiens. Comparez l'attitude respective des deux groupes.

4 • Dans le document VI, les deux personnages de comédiens sont en tête-à-tête. Décrivez la posture de chacun. Quelle conséquence l'absence de metteur en scène a-t-elle sur leur attitude.

5 • Comparez le personnage de Serge dans les documents VI et VII. Quelle évolution notez-vous dans son attitude ?
Comment l'interprétez-vous ?

Dans les coulisses

6 • Caractérisez le décor dans les documents V, VI et VIII. En quoi contribue-t-il à créer l'atmosphère d'une répétition ?

7 • Décrivez les costumes des personnages dans l'ensemble de ce dossier. Justifiez ceux des documents V, VI et VIII et opposez-leur celui du document III.
Quel effet ce dernier crée-t-il ?

8 • Selon vous, que représente pour le personnage de Serge la décision d'endosser un tel costume (document VII) ?
Avant de répondre, reportez-vous au texte des entretiens, p. 167-176.

9 • Beaucoup de pièces de théâtre et de films ont pour sujet les coulisses de la création dramatique et le travail des comédiens.
Cherchez quelques-unes de ces œuvres.
Quel est, selon vous, l'intérêt de ce thème ?

Et vous ?

Choisissez dans cet ouvrage une photo d'une représentation du *Misanthrope*. Vous rédigerez un texte où le metteur en scène donnera à ses comédiens des indications de placement et de jeu, dont cette image sera l'aboutissement.

V

Le Dernier Métro, **film de F. Truffaut (1980), avec G. Depardieu (Bernard Granger), J. Poiret (Jean-Loup Cottin), C. Deneuve (Marion Steiner), S. Haudepin (Nadine Marsac).**

À travers l'histoire de Marion Steiner, directrice du théâtre Montmartre en 1942, ce film reconstitue la vie théâtrale à Paris sous l'Occupation – une vie rythmée par le couvre-feu, les alertes, les discriminations antisémites, et pourtant d'une grande vitalité artistique.

VI

Alceste à bicyclette, **film de Ph. Le Guay (2013), avec F. Luchini (Serge), L. Wilson (Gauthier).**

Serge a renoncé à son métier de comédien et vit retiré dans une vieille maison de l'île de Ré. Acteur à succès, Gauthier vient lui proposer de jouer avec lui *Le Misanthrope*. Pour le convaincre, il va, durant une semaine, se confronter avec lui au texte de Molière.

VII

Alceste à bicyclette, **film de Ph. Le Guay (2013), avec F. Luchini (Serge).**

Serge s'est finalement laissé persuader de jouer *Le Misanthrope* ; il a même discrètement commandé un costume de scène. Dans cette séquence, il rejoint une fête donnée par Gauthier pour sceller leur projet de collaboration.

VIII

Elvire Jouvet 40, **spectacle de B. Jaques (1986), avec Ph. Clévenot (Louis Jouvet), É. Vigner (Octave/Dom Juan), V. Vallier (Léon/Sganarelle), M. de Medeiros (Claudia/Elvire).**

Ce spectacle met en scène les leçons que, de février à septembre 1940, le grand acteur et metteur en scène Louis Jouvet, professeur au Conservatoire, donna à Claudia, une jeune comédienne à qui il faisait répéter la seconde scène d'Elvire du *Dom Juan* de Molière (acte IV, sc. 4).

Une comédie mondaine : la dimension satirique

● *Le Misanthrope* est la seule grande comédie de Molière qui présente un univers social aussi étroitement délimité. Le salon parisien de Célimène accueille les divers représentants de la noblesse de Versailles, microcosme oisif et parasite, héritier d'une classe qui fut indépendante et frondeuse et que le pouvoir royal a domestiquée dans la prison dorée de la Cour. Deux lois en régissent le comportement : l'intrigue et le paraître. En offrant à Alceste de faire jouer leurs relations en sa faveur (v. 289-290 et 1078-1080), Oronte et Arsinoé illustrent ce règne de la « brigue » et de la « cabale » : l'inquiétante Arsinoé parle visiblement au nom du parti dévot qui s'est naguère déchaîné contre *Tartuffe* et *Dom Juan*. Les deux petits marquis, quant à eux, incarnent l'aristocratie réduite à une pure représentation : le « mérite » et la « vertu » de Clitandre se résument aux signes ridicules de sa coquetterie (v. 479-488), et l'essentiel de son activité est de se montrer au lever et au coucher du roi (v. 567 et 739).

● Chez cette noblesse qui a abdiqué les valeurs chevaleresques, les joutes stériles de l'esprit ont remplacé les combats. Nouveau champ de bataille, le salon est le lieu où l'on vient faire reconnaître sa valeur, tel Oronte offrant son sonnet à l'admiration d'Alceste. On y paraît aussi pour rivaliser à coup de mots qui font mouche et qui blessent, combinant, comme Célimène, l'art de plaire et celui de dénigrer. Le jeu des portraits auquel elle s'adonne avec brio est l'un de ces nombreux divertissements mondains qui forgent une réputation. Du reste, celle-ci tient désormais au seul maniement du verbe : Damon est « un parleur étrange » (v. 579), Géralde un « ennuyeux conteur » (v. 595) et Bélise n'est que « sec entretien » (v. 604), et c'est à ce seul titre qu'ils sont stigmatisés. Dans ce monde du paraître, le langage ne cherche plus à atteindre la vérité, mais à satisfaire les intérêts et les ambitions. Le triomphe de cette parole dévoyée assure le règne de la procédure, de la fourberie, voire de la calomnie.

Une comédie moraliste : la dimension sérieuse

● Au-delà d'une brillante satire de la mondanité, la pièce possède une dimension plus grave, dont témoigne l'ambiguïté de son comique. À travers le portrait de son misanthrope aux prises avec un univers qu'il exècre, Molière engage une réflexion sur l'homme en tant qu'être social, qui s'inscrit dans la tradition des moralistes classiques.

● Comédie de salon, *Le Misanthrope* nous fait sentir à quel point la vie sociale est un théâtre sur lequel nous sommes tous en représentation : les personnages de la pièce passent d'ailleurs leur temps à rire du spectacle qu'offrent les ridicules. À part sans doute Philinte et Éliante, installés par Molière en position de spectateurs témoins, tous jouent un rôle, même ceux qui voudraient y échapper : tel Alceste cruellement enfermé par Célimène dans celui du contradicteur systématique (v. 669-680). Impossible d'avoir sur cette scène un échange authentique, un moment d'explication sincère (sauf, là encore, avec Éliante et Philinte) : Oronte n'offre son amitié que pour se faire louer, les petits marquis viennent parader, Célimène se dérobe à la mise au point que lui demande Alceste tout au long des cinq actes.

- Comment se comporter dans cette société de la comédie permanente ? Deux attitudes s'opposent, que la scène d'ouverture caractérise à travers le débat entre Alceste et Philinte. Or, si Molière fait du premier son héros, qui nous touche par sa souffrance, il ne le propose pas en modèle. C'est Philinte, héritier d'une sagesse humaniste puisée chez Montaigne, qui exprime l'option d'une « vertu traitable » qui, en toute lucidité, permet de continuer à vivre ensemble. Avec ses « brusques chagrins », Alceste est à l'évidence victime d'un excès de bile noire (il est « atrabilaire »), dérèglement pathologique dont le texte accumule les symptômes (v. 90, 91, 98, 449, 1584). Mais surtout, son intransigeance morale, qui lui fait condamner à juste titre un monde gangrené par l'artifice et la corruption, ne s'accompagne jamais d'une distance critique par rapport à lui-même. « Je veux qu'on me distingue » : cet aveu presque naïf (v. 63), qui explique pourquoi il est aussi possessif en amitié qu'en amour, le montre victime de cette haute estime de soi dénoncée sous le nom d'amour-propre par les moralistes classiques, notamment La Rochefoucauld dont les *Maximes* furent publiées un an avant *Le Misanthrope*.

Une comédie passionnelle : la dimension pathétique

- *Le Misanthrope* est enfin la comédie d'un amour impossible. Alceste aurait toutes les raisons de fuir Célimène, dont « l'humeur coquette et l'esprit médisant » (v. 219) contreviennent à tous ses principes. Mais « la raison n'est pas ce qui règle l'amour », confesse-t-il lucidement dès la première scène (v. 248), et la suite de la pièce va creuser de plus en plus douloureusement cette contradiction. Le sommet est atteint lors de la scène d'explication à l'acte IV, où Alceste, passant de la fureur rageuse à la plainte élégiaque, fait entendre un long lamento tragique. Et c'est le grand mérite des lectures contemporaines, que de faire crédit à Célimène de sa sincérité : car *Le Misanthrope* n'est plus alors le drame d'un jaloux blessé par une coquette perfide, il est celui de deux êtres sincèrement épris, mais incompatibles.

Retour au texte

1 • Classez les personnages de la pièce sur une échelle qui va du plus comique au moins comique. Quel personnage est difficile à cataloguer ainsi ?

2 • Quatre actes sur cinq proposent une scène ou un passage franchement comique. Identifiez ces moments. Quel acte en est dépourvu ? Comment l'interprétez-vous ?

Interprétations

Toute la gamme du comique

3 • Distinguez les différentes sources du comique dans la scène 2 de l'acte I.

4 • Observez les marquis sur le document II, dans le dossier images.
Quel type de comique la mise en scène de Jacques Lassalle met-elle en relief ? Quels éléments dans le texte de Molière justifient ce choix ?

5 • Caractérisez le comique de la dernière scène de l'acte IV. Quelle fonction a-t-il à ce moment de l'action ?

Alceste, ridicule ou pathétique ?

6 • Alceste est « poursuivi par le rire des autres », affirme le texte 4, p. 145. Montrez-le à travers plusieurs références précises à la pièce.

7 • Qu'est-ce qui rend Alceste ridicule, selon Gérard Defaux (texte 4, p. 145) ? Qu'est-ce qui le rend sublime, d'après Musset (texte 3, p. 144) ?

8 • Boris Donné (texte 5, p. 146) juge que l'on est en droit de s'identifier à Alceste. Dans quelles circonstances de la pièce ? Pourquoi est-ce contradictoire avec le genre comique ?

Une comédie ou un drame ?

9 • Comment la thèse du texte 2 (p. 143-144) résout-elle l'ambivalence du *Misanthrope* entre comédie et drame ?

10 • En quoi la fin du *Misanthrope* n'est-elle pas conforme au dénouement traditionnel d'une comédie ? Qu'est-ce qui l'empêche, toutefois, de verser dans la tragédie ?

11 • La formule du « rire dans l'âme » (texte 1 ci-contre) est restée célèbre. Quelle nature particulière de comique veut-elle ainsi définir ? Quel texte écho la conteste ? Pourquoi ?

Texte 1 • Jean Donneau de Visé, Lettre écrite sur la comédie du *Misanthrope*, 1666

Dans ce texte publié en tête de la première édition de la pièce, l'auteur louait Molière d'y faire entendre et voir un nouveau type de comique.

Voilà, Monsieur, ce que je pense de la comédie du misanthrope amoureux, que je trouve d'autant plus admirable que le héros en est le plaisant[1] sans être trop ridicule; et qu'il fait rire les honnêtes gens sans dire des plaisanteries fades et basses, comme l'on a accoutumé d'en voir dans les pièces comiques. Celles de cette nature me semblent plus divertissantes, encore que l'on y rie moins haut : et je crois qu'elles divertissent davantage, et qu'elles font continuellement rire dans l'âme. Le misanthrope, malgré sa folie, si l'on peut ainsi appeler son humeur, a le caractère d'un honnête homme, et beaucoup de fermeté [...]. L'auteur ne représente pas seulement le misanthrope sous ce caractère, mais il fait encore parler à son héros d'une partie des mœurs du temps : et ce qui est admirable est que, bien qu'il paraisse, en quelque façon, ridicule, il dit des choses fort justes.

1. Celui qui fait rire.

Texte 2 • M. Bonfantini, « Le comique du *Misanthrope* », 1988

Alceste est-il le personnage d'une comédie ou d'un drame ? se demande l'auteur de cet essai.

Dans les premières scènes, Alceste est généralement comique, c'est-à-dire extravagant, en ce qu'il applique de façon inconsidérée et grotesquement rigide des principes d'une indéniable noblesse, et ce n'est que près du dénouement, lorsqu'il ouvre les yeux sur le caractère fatal de sa malheureuse passion, qu'il devient tragique. [...] Ainsi se dénoue le nœud du drame, sans une véritable conclusion. Alceste, d'abord misanthrope de comédie, s'est peu à peu transformé en un personnage dramatique; l'*atrabilaire amoureux* devient un peu l'archétype de tous ceux qui, esclaves dans leur amour d'un idéal absolu et d'un caractère intransigeant, sont condamnés au malheur.

L'Humanité de Molière, © Nizet, 1988.

Texte 3 • Alfred de Musset, « Une soirée perdue », 1840

La réaction de Musset, qui venait de voir jouer Le Misanthrope *à la Comédie-Française, représente bien l'interprétation romantique de Molière.*

J'étais seul, l'autre soir, au Théâtre Français,
Ou presque seul ; l'auteur n'avait pas grand succès.
Ce n'était que Molière, et nous savons de reste
Que ce grand maladroit, qui fit un jour *Alceste*,
Ignora le bel art de chatouiller l'esprit
Et de servir à point un dénouement bien cuit. [...]
J'écoutais cependant cette simple harmonie,
Et comme le bon sens fait parler le génie.
J'admirais quel amour pour l'âpre vérité
Eut cet homme si fier en sa naïveté,
Quel grand et vrai savoir des choses de ce monde,
Quelle mâle gaieté, si triste et si profonde
Que, lorsqu'on vient d'en rire, on devrait en pleurer ! [...]
Ah ! j'oserais parler, si je croyais bien dire,
J'oserais ramasser le fouet de la satire,
Et l'habiller de noir, cet homme aux rubans verts,
Qui se fâchait jadis pour quelques mauvais vers.
S'il rentrait aujourd'hui dans Paris, la grand'ville,
Il y trouverait mieux pour émouvoir sa bile
Qu'une méchante femme et qu'un méchant sonnet ;
Nous avons autre chose à mettre au cabinet.

Poésies nouvelles.

Texte 4 • Gérard Defaux, *Molière ou les métamorphoses du comique*, 1992

Pour l'auteur, l'alternative entre sérieux et plaisant pose mal la question du comique dans Le Misanthrope *: c'est le statut du rire dans la pièce qu'il faut examiner.*

La présence insolite d'Alceste, ce trouble-fête extravagant, cet empêcheur de danser en rond du salon de Célimène et de l'univers comique moliéresque [...] pousse irrésistiblement, et pour la première fois, le lecteur-spectateur à se demander si le but de Molière écrivant *Le Misanthrope* était réellement – était seulement – de faire naître le rire. Et si, après avoir accusé la société dans *Dom Juan*, Molière n'est pas, avec *Le Misanthrope*, en train d'accuser la comédie. [...]

Voyez Philinte. Il passe son temps à rire d'Alceste. À ses hyperboles rageuses de misanthrope jaloux, il répond par des plaisanteries et des éclats de rire, refusant systématiquement de prendre au sérieux un homme qui ne rêve que de l'être. [...]

Car c'est bien là ce que reprochent à Alceste, non seulement Philinte, mais aussi Célimène, les marquis, la société en général : son refus de jouer comme les autres, de rire avec les autres, d'entretenir de bon gré l'euphorie sociale. La « folie » d'Alceste est d'être sérieux dans un monde qui se refuse à l'être, et qui fait du divertissement sa valeur suprême. [...]

Le rire est comme la fatalité d'Alceste. Cet homme qui ne rit jamais ne cesse d'être poursuivi par le rire des autres. Philinte, Célimène, Acaste, Clitandre, les gens qu'il aime comme ceux qu'il déteste, tous rient continuellement de lui. [...]

Les rires perpétuels qui accueillent dans le salon de Célimène les colères et les indignations d'Alceste montrent que Molière a, de toute évidence, voulu faire de lui un personnage profondément ridicule et comique.

Texte 5 • B. Donné, « *Le Misanthrope* en clair-obscur », 2008

Pour Boris Donné, l'ambiguïté dans le registre du Misanthrope *vient de ce que le lecteur/spectateur est pris entre deux attitudes contradictoires vis-à-vis d'Alceste : le rire (par lequel il juge le personnage) et la sympathie (par laquelle il s'identifie à ses peines).*

Molière complique encore cette ambivalence par une peinture complexe des situations et des rapports entre ses personnages, qui ne se réduisent pas à une opposition tranchée où il serait facile de prendre parti, de « s'intéresser »[1] de façon univoque. On peut partager le détachement amical, ironique et nuancé de Philinte vis-à-vis d'Alceste ; il n'empêche que le personnage le plus noble de la pièce, Éliante, nous fait partager sa sympathie et son estime pour l'héroïque intransigeance du misanthrope (v. 1163-1168). [...] Deux regards, deux points de vue contradictoires sur l'intrigue coexistent donc : d'où une réception *en porte-à-faux*, qui suscite un certain malaise. Cette contradiction se maintient tout au long de la pièce en un perpétuel mouvement de balancier – et non sous la forme d'un « rire de l'âme » qui se définirait comme une introuvable synthèse entre deux postulations inconciliables. Mais à quelle fin Molière s'est-il plu à jouer ainsi avec ses spectateurs, les piégeant dans la « double contrainte » qui les force à estimer celui dont ils rient, ou l'inverse ?

www.vox-poetica.com/sflgc, 2008.

1. Épouser le point de vue et les sentiments d'un personnage (le plus souvent victime du destin), s'identifier à lui.

Fabrice Luchini (Serge Tanneur) dans *Alceste à bicyclette*, film de Philippe Le Guay (2013).

Retour au texte

1 • Recherchez la définition de la civilité.

2 • Aux vers 1-205, sur quelle question porte l'affrontement entre Alceste et Philinte ? Résumez la position de chacun.

3 • Aux vers 447-496, que reproche Alceste à Célimène ? Quels arguments lui oppose-t-elle ?

Interprétations

Le salon de Célimène, haut lieu de la civilité

4 • Quelles qualités se manifestent dans le salon de Célimène, aptes à favoriser le développement de la civilité (v. texte 1, ci-contre) ?

5 • Quels défauts y apparaissent aussi, qui justifient la colère d'Alceste, aux vers 651-698 ?

6 • Dans quelle mesure Éliante est-elle l'incarnation parfaite de la civilité ? Pourquoi n'est-elle alors qu'un personnage secondaire de la pièce ?

La sincérité et la complaisance

7 • Le texte 2 (p. 149-150) oppose la sincérité à la complaisance. À quels endroits le texte du *Misanthrope* nous en offre-t-il des exemples ?

8 • Philinte est-il, comme le dit le texte 3, « coupable d'un excès de mesure » (p. 150) ?

9 • À plusieurs reprises (par exemple en I, 1 ; I, 2 ; III, 4) d'autres personnages qu'Alceste n'hésitent pas à dire la vérité à leur interlocuteur. Comment arrivent ces « infractions » à la complaisance ? Comment revient-on aux règles de la civilité ?

Survie de la civilité ?

10 • « Tout en changeant de forme, la mondanité persiste à travers les siècles », affirme le texte 4 (p. 150-151). À quelles règles, quels principes de civilité un moderne Alceste s'opposerait-il aujourd'hui ?

Texte 1 • Jean Rohou, « Moi et les autres : le contexte socioculturel du *Misanthrope* », 1999

Pour Jean Rohou, Le Misanthrope *témoigne du conflit entre l'individu et les règles sociales, définies par l'idéal classique de civilité.*

C'est à partir de 1624, dans le cadre d'un élan général de discipline et d'un assujettissement politique, religieux, moral et relationnel, que l'on maîtrise et raffine ses comportements. Le développement de cette urbanité, de cette courtoisie, de cette affabilité est favorisé par celui des lieux et modes de vie correspondants : les villes, la cour, les salons, les relations amoureuses. Et toute une littérature d'analyse psychologique en facilite le raffinement. Le terme d'honnêteté est désormais employé pour désigner la souple civilité comme la qualité particulièrement honorable qui distingue celui qui s'adapte à l'attente des autres. L'ouvrage fondamental *L'Honnête Homme ou l'Art de plaire à la cour* paraît en 1630. Nicolas Faret y prône la « souplesse » et réprouve celui qui ne « fait rien que par impétuosité ». « Un esprit bien fait s'ajuste à tout ce qu'il rencontre », écrit-il dans un chapitre intitulé « De la complaisance » – un terme dont le sens est alors positif.

Texte 2 • Madeleine de Scudéry, *Clélie,* 1654-1660

Dans cette œuvre majeure de la préciosité, les personnages engagent une discussion sur les vertus et les limites de la complaisance.

Je ne suis point contre [la complaisance] quand elle est raisonnable ; au contraire, je soutiens qu'elle est nécessaire à la société de tous les hommes, qu'elle sert à tous les plaisirs, qu'elle entretient l'amitié et l'amour ; et que sans complaisance, l'on serait toujours en guerre et en chagrin. Mais je soutiens en même temps que, comme la sincérité est la vertu de toutes qui est la plus particulière aux gens d'honneur, la complaisance est de toutes les vertus celle dont les lâches, les intéressés, les fourbes et les flatteurs abusent le plus souvent. Enfin je la tiens si dangereuse que je la compare à ces poisons subtils qu'on met dans les fleurs, et qui tuent sans qu'on s'en puisse garder. [...] Je veux donc pour parler de la complaisance en général, qu'on n'en ait jamais qui flatte le vice, qui trahisse la vertu, qui déguise la vérité, qui nuise à la religion. Je veux qu'on ne cesse jamais d'être sincère, juste, et fidèle ami pour être complaisant.

Texte 3 • Véronique Sternberg, « Moralité et civilité sur la scène comique au XVIIe siècle », 2006

Cet article traite des relations et des échanges entre la comédie et la mondanité au XVIIe siècle.

En 1666, dans *Le Misanthrope*, Molière interroge la dégradation de l'idéal mondain de complaisance à travers le personnage de Célimène bien sûr, mais aussi de Philinte, parfait honnête homme mais coupable peut-être d'un excès de mesure. La perversion du modèle est subtile, et discrètement posée comme inévitable : la force du *Misanthrope* est de placer l'idéal mondain devant ses limites et parfois ses apories[1], auxquelles font d'ailleurs écho les contradictions de la folie d'Alceste, liée à la mélancolie.

Littératures classiques, n° 58, © Honoré Champion, 2006.

1. Impasses, contradictions.

Texte 4 • Slobodan Vitanovic, « *Le Misanthrope* et les théories de l'honnête homme », 1990

Pour l'auteur, notre perception du comique de la pièce dépend de notre conscience des liens de civilité qu'elle reflète.

C'est seulement après l'époque de Molière que la notion d'honnêteté commence à se désintégrer. Un siècle plus tard Jean-Jacques Rousseau s'emploie avec passion à la détruire en même temps que la société définie comme « mensonge et artifice ». Mais il finit par détruire les critères de l'unité comique de la pièce. Elle éclate, n'offrant plus que des possibilités contradictoires. Les romantiques suivent

Rousseau. Du reste, chaque fois que l'on a tiré de la pièce, pour la lui appliquer, une philosophie de vérité, de sincérité, de simplicité, d'exclusivisme moral, c'est-à-dire chaque fois que l'on a vu un univers mondain à travers une doctrine essentiellement antimondaine, on a été obligé de constater que *Le Misanthrope ou l'Atrabilaire amoureux* n'est pas une comédie. Cependant, si la notion d'honnêteté du temps de Molière ne touche plus un public moderne, certains principes fondamentaux de la vie sociale, de la vie de salon, de la vie en société étroite, restent toujours valables, car, tout en changeant de forme, la mondanité persiste à travers les siècles. Voilà comment, malgré la distance historique, un lecteur, un spectateur d'aujourd'hui peuvent réintroduire l'essentiel des théories de l'honnête homme dans la compréhension du *Misanthrope*.

Mise en scène de Stéphane Braunschweig, avec Claude Duparfait (Alceste), Théâtre National de Strasbourg, 2003.

Vers l'écrit du bac

Fonctions de la lettre sur la scène théâtrale

▸ Objet d'étude : le théâtre, texte et représentation

Retour sur *Le Misanthrope*

Récapitulez les différents billets et lettres qui circulent dans Le Misanthrope. *Quel rôle jouent-ils dans l'action ?*

Corpus complémentaire

Texte A – Molière, *Le Misanthrope* (1666)

Acte IV, scène 3, v. 1315-1370 (p. 86-89).

Texte B – Marivaux, *Les Fausses Confidences* (1737)

Dorante s'est engagé comme intendant chez Araminte, une jeune veuve qu'il aime en secret. Il a pour allié le valet Dubois. Informée de sa passion, Araminte lui tend un piège en lui annonçant qu'elle va épouser le Comte, avec qui elle est en procès.

ARAMINTE
Écrivez le billet que je vais vous dicter ; il y a tout ce qu'il faut sur cette table.

DORANTE
Eh ! pour qui, Madame ?

ARAMINTE
Pour le Comte, qui est sorti d'ici extrêmement inquiet, et que je vais surprendre bien agréablement, par le petit mot que vous allez lui écrire en mon nom. *(Dorante reste rêveur, et par distraction ne va point à la table.)* Eh bien, vous n'allez pas à la table ? À quoi rêvez-vous ?

DORANTE, *toujours distrait.*
Oui, Madame.

ARAMINTE, *à part, pendant qu'il se place.*
Il ne sait ce qu'il fait. Voyons si cela continuera.

DORANTE *cherche du papier.*
Ah ! Dubois m'a trompé !

ARAMINTE *poursuit.*
Êtes-vous prêt à écrire ?

DORANTE
Madame, je ne trouve point de papier.

ARAMINTE *allant elle-même.*
Vous n'en trouvez point ! En voilà devant vous.

DORANTE
Il est vrai.

ARAMINTE
Écrivez. « Hâtez-vous de venir, Monsieur ; votre mariage est sûr… » Avez-vous écrit ?…

DORANTE
Comment, Madame ?

ARAMINTE
Vous ne m'écoutez donc pas ? « Votre mariage est sûr ; Madame veut que je vous l'écrive, et vous attend pour vous le dire. » *(À part.)* Il souffre, mais il ne dit mot. Est-ce qu'il ne parlera pas ? « N'attribuez point cette résolution à la crainte que Madame pourrait avoir des suites d'un procès douteux. »

DORANTE
Je vous ai assuré que vous le gagneriez, Madame. Douteux ! Il ne l'est point.

ARAMINTE
N'importe, achevez. « Non, Monsieur, je suis chargé de sa part de vous assurer que la seule justice qu'elle rend à votre mérite la détermine. »

DORANTE, *à part.*
Ciel ! Je suis perdu. Mais, Madame, vous n'aviez aucune inclination pour lui.

ARAMINTE
Achevez, vous dis-je… « Qu'elle rend à votre mérite la détermine… » Je crois que la main vous tremble ! Vous paraissez changé. Qu'est-ce que cela signifie ? Vous trouvez-vous mal ?

DORANTE
Je ne me trouve pas bien, Madame.

II, 13 (extrait).

Texte C – Victor Hugo, *Ruy Blas* (1838)

Délaissée par son triste époux, la reine d'Espagne dépérit dans le froid palais de l'Escurial, réglé par un protocole rigide. Elle n'a pour se consoler que la lettre d'un amoureux anonyme (le jeune Ruy Blas), qu'elle lit et relit malgré elle.

LA REINE
Elle déplie la lettre résolument et lit.
« Madame, sous vos pieds, dans l'ombre, un homme est là
« Qui vous aime, perdu dans la nuit qui le voile ;
« Qui souffre, ver de terre amoureux d'une étoile ;
« Qui pour vous donnera son âme, s'il le faut ;
« Et qui se meurt en bas quand vous brillez en haut. »
Elle pose la lettre sur la table.
Quand l'âme a soif, il faut qu'elle se désaltère,
Fût-ce dans du poison !
Elle remet la lettre et la dentelle dans sa poitrine.

Je n'ai rien sur la Terre.
Mais enfin il faut bien que j'aime quelqu'un, moi!
Oh! S'il avait voulu, j'aurais aimé le roi.
Mais il me laisse ainsi, – seule, – d'amour privée.

La grande porte s'ouvre à deux battants. Entre un huissier de chambre en grand costume.

L'HUISSIER, *à haute voix.*
Une lettre du roi!

La Reine, comme réveillée en sursaut, avec un cri de joie.
Du roi! Je suis sauvée!

SCÈNE 3
LA REINE, LA DUCHESSE D'ALBUQUERQUE, CASILDA, DON GURITAN, FEMMES DE LA REINE, PAGES, RUY BLAS

Tous entrent gravement. La duchesse[1] en tête, puis les femmes. Ruy Blas reste au fond de la chambre. Il est magnifiquement vêtu. Son manteau tombe sur son bras gauche et le cache. Deux pages, portant sur un coussin de drap d'or la lettre du roi, viennent s'agenouiller devant la reine, à quelques pas de distance.

RUY BLAS, *au fond, à part.*
Où suis-je? – qu'elle est belle! – oh! Pour qui suis-je ici?

LA REINE, *à part.*
C'est un secours du ciel!
Haut.
Donnez vite!
Se retournant vers le portrait du roi.
Merci,
Monseigneur!
À la duchesse.
D'où me vient cette lettre?

1. La terrible duchesse d'Albuquerque règle le protocole de l'Escurial.

LA DUCHESSE

Madame,
D'Aranjuez, où le roi chasse.

LA REINE

Du fond de l'âme
Je lui rends grâce. Il a compris qu'en mon ennui
J'avais besoin d'un mot d'amour qui vînt de lui !
– Mais donnez donc.

LA DUCHESSE, *avec une révérence, montrant la lettre.*

L'usage, il faut que je le dise,
Veut que ce soit d'abord moi qui l'ouvre et la lise.

LA REINE
Encore ! – eh bien, lisez !
La duchesse prend la lettre et la déploie lentement.

CASILDA[1], *à part.*

Voyons le billet doux.

LA DUCHESSE, *lisant.*
« Madame, il fait grand vent et j'ai tué six loups.
Signé, CARLOS. »

LA REINE, *à part.*

Hélas !

DON GURITAN, *à la duchesse.*

C'est tout ?

LA DUCHESSE

Oui, seigneur comte.

II, 2-3, v. 796-817.

1. Suivante de la reine, vive et malicieuse.

Texte D – Edmond Rostand, *Cyrano de Bergerac* (1897)

Depuis toujours, Cyrano, spirituel mais laid, aime en secret sa cousine Roxane. Quatorze ans plus tôt, il a favorisé son amour avec le beau Christian, dont il rédigeait les missives enflammées jusqu'à sa mort au combat. À sa demande, Roxane lui a permis de lire la précieuse dernière lettre qu'elle a reçue du jeune homme.

Elle s'approche tout doucement, sans qu'il s'en aperçoive, passe derrière le fauteuil se penche sans bruit, regarde la lettre. – L'ombre augmente.

CYRANO
« Mon cœur ne vous quitta jamais une seconde,
« Et je suis et serai jusque dans l'autre monde
« Celui qui vous aima sans mesure, celui… »

ROXANE, *lui posant la main sur l'épaule.*
Comment pouvez-vous lire à présent ? Il fait nuit.

Il tressaille, se retourne, la voit là tout près, fait un geste d'effroi, baisse la tête. Un long silence. Puis, dans l'ombre complètement venue, elle dit avec lenteur, joignant les mains :

Et pendant quatorze ans, il a joué ce rôle
D'être le vieil ami qui vient pour être drôle !

CYRANO
Roxane !

ROXANE
C'était vous.

CYRANO
Non, non, Roxane, non !

ROXANE
J'aurais dû deviner quand il disait mon nom !

CYRANO
Non ! ce n'était pas moi !

ROXANE
C'était vous !

CYRANO
Je vous jure…

ROXANE
J'aperçois toute la généreuse imposture[1] :
Les lettres, c'était vous…

CYRANO
Non !

ROXANE
Les mots chers et fous,
C'était vous…

CYRANO
Non !

ROXANE
La voix dans la nuit[2], c'était vous.

V, 5, v. 2453-2464.

1. Tromperie.
2. Allusion à une nuit où Cyrano avait prêté sa voix à Christian sous le balcon de Roxane.

Sujet de bac (séries générales)

Questions *(4 pts)*

Quel impact dramatique la production d'une lettre a-t-elle dans ces quatre scènes ? Quels moyens sont mis en œuvre pour y parvenir ?

Travaux d'écriture *(16 pts)*

Commentaire :

Commentez le texte C, extrait de *Ruy Blas*.

Dissertation :

Il n'est pas rare que les dramaturges présentent sur la scène l'écriture ou la lecture d'une lettre. Quels sont les divers intérêts de ce procédé dans l'écriture d'une pièce de théâtre ? Vous répondrez à cette question en vous appuyant sur les textes du corpus, sur les œuvres étudiées en cours et sur vos lectures personnelles.

Invention :

En vous conformant à toutes les indications données par le texte du *Misanthrope*, rédigez en prose la lettre de Célimène qu'Alceste tient à la main.

Comment le XXe siècle a-t-il relu *Le Misanthrope* ?

Considéré dès sa création comme le chef-d'œuvre de Molière, *Le Misanthrope* eut tendance à se figer dans l'affrontement stéréotypé de l'ombrageux et de la coquette. Il fallut attendre les années 1920 pour le sortir de cette routine et le redécouvrir enfin. Le premier à renouveler l'interprétation est, en 1923, Jacques Copeau, qui rend son ambivalence et son énergie à « cette tragédie qui fait rire », selon sa jolie formule. Après lui, les plus grands metteurs en scène s'emparent de la pièce, parfois à deux reprises : Copeau la reprend en 1936, P. Dux la monte en 1947 et en 1977, J.-P. Vincent en 1976 et en 1984, A. Vitez en 1978 et en 1988. L'évolution de Vitez est intéressante : en 1978, dans l'esprit d'un théâtre forain, *Le Misanthrope* était joué en alternance par la même jeune troupe avec *L'École des femmes*, *Le Tartuffe* et *Dom Juan*, dans un décor unique et nu (ci-contre) ; dix ans plus tard, sur la grande scène de Chaillot, le noir profond d'une longue galerie faisait ressortir comme sur un tableau ancien la pâleur des chairs et la richesse des étoffes (document I de l'analyse d'images). Aujourd'hui, il ne se passe pas une saison sans qu'une jeune troupe ne monte un *Misanthrope* : souvent en costumes contemporains, ces mises en scènes nous disent notre difficulté à conjuguer la violence de l'amour, la pureté des idéaux et les lois de la société.

1 • Lisez les documents 4 et 8 : comment s'élabore une mise en scène ?

2 • Montrez que, dans les documents 3, 5 et 7, le décor joue un rôle majeur dans le sens du spectacle.

3 • Caractérisez les diverses attitudes dans les documents 1, 3, 5 et 7. En quoi sont-elles cohérentes avec le choix du décor et les propos accompagnant les photographies ?

4 • Quelle mise en scène vous séduit le plus ? Argumentez votre réponse.

Document 1 • Mise en scène d'Antoine Vitez, festival d'Avignon, 1978

Avec Dominique Valadié (Éliante), Marc Delsaert (Alceste), Daniel Soulier (Philinte).

Document 2 • O.-R. Veillon, *Vitez : toutes les mises en scène*, 1981

Alceste est jeune, blond; son corps est gracile et vibrant comme celui d'un adolescent qui a connu les premières violences de la vie mais ignore encore les règles sévères de leur répétition. [...] Loin de quitter la scène du monde, Alceste se refuse à y entrer. Il n'est pas lassé de son rôle : il se refuse à l'apprendre. [Il] est dès l'abord présenté comme un symptôme social, la manifestation inassimilable d'un refus de l'état actuel de la société [...]. D'où la cruauté particulière de cette mise en scène, où les rapports de force règlent chaque instant du jeu dans la définition sans cesse reconduite d'un invisible cercle dont il ne faut à aucun prix se trouver exclu.

Document 3 • Mise en scène d'André Engel, MC93, 1985

Avec Gérard Desarthe (Alceste), Laurence Masliah (Célimène).

Document 4 • André Engel, notes de mise en scène, 1985

La femme dans son boudoir, ça me gênait, je l'avais trop vue. L'idée s'est imposée peu à peu. D'abord je pensais à la cour, c'est-à-dire à une foule compacte. Puis j'ai pensé à la campagne. J'avais vu *Meurtre dans un jardin anglais*[1], j'ai aimé le film, le rapport de cette époque avec la nature m'a frappé. Mais d'une manière plus importante, c'est le huis clos dehors. De là est venue l'idée d'une chasse à courre. Le roi chasse. À la périphérie les courtisans attendent. Une question se posait : comment représenter la campagne ? Nous avions également pensé à une galerie de peinture, à un institut des arts. Le haras a fait la jonction.

1. Film britannique de Peter Greenaway (1982).

Document 5 • Mise en scène de Stéphane Braunschweig, TNS, 2003

Avec Claude Duparfait (Alceste), Maud Le Grévellec (Célimène).

Document 6 • J.-L. Perrier, « Les colères d'un enfant amer », 2003

[À l'acte I,] le metteur en scène a placé Alceste et Philinte devant une série d'immenses miroirs dressés au fond d'un plateau qui affleure au demi-cercle des premiers sièges. […] L'acte II fait glisser les miroirs en deux plans formant un angle ouvert sur la salle. Les personnages sont seuls aux prises avec leurs reflets. Mais pas un ne peut prétendre s'y reconnaître […]. L'inclinaison des miroirs ne laisse aucune discrétion à leur expression. Ils sont visibles sous toutes les coutures. Ainsi, le grand lit disposé de dos sur la bissectrice est-il observable de face. Il représente le point focal vers lequel convergent les droites tirées du commerce des corps et des discours.

© Le Monde, 18 décembre 2003.

Document 7 • Mise en scène de Lukas Hemleb, Comédie-Française, 2007

Avec Marie-Sophie Ferdane (Célimène), Thierry Hancisse (Alceste).

Document 8 • Lukas Hemleb, notes de mise en scène, 2007

Avec Jane Joyet, qui signe la scénographie, nous avons voulu évoquer un espace clos mais évolutif qui rende compte des ravages intérieurs que subissent les personnages. Nous avons donc opté pour un décor fait de miroirs et de labyrinthes qui, au fil de la pièce, s'épure pour laisser les personnages dans toute leur nudité. À un espace opaque et codifié succède donc un univers plus abstrait où la transparence progressive souligne l'errance et la déperdition des protagonistes. Au fil des actes, l'espace nu devient de plus en plus présent, envahissant la scène et balayant sur son passage un monde finissant.

in Programme de la Comédie-Française, propos recueillis par Isabelle Baragan.

Une réécriture décalée du *Misanthrope* : *Alceste à bicyclette*, de Ph. Le Guay (2013)

Aucune comédie de Molière n'a excité l'imagination créatrice comme *Le Misanthrope*. On a forgé maintes suites, qui toutes, interrogent la destinée d'Alceste, du *Misanthrope corrigé* de Marmontel (1765) à *Célimène et le Cardinal* de Rampal (1993). Avec *Alceste à bicyclette*, qui raconte comment Gauthier, acteur en vogue, vient sortir de sa retraite Serge pour lui proposer de jouer avec lui *Le Misanthrope*, le propos du cinéaste Philippe Le Guay est tout différent : deux modernes Alceste et Philinte se confrontent au texte de Molière, véritable troisième personnage du film, qui les pousse dans leurs retranchements et révèle une part de leur vérité.

1 • Pourquoi la dispute sur les diérèses (texte 1 ci-dessous et p. 170-176) est-elle capitale ?

2 • Au vu des informations données aux pages 166-176, qu'est-ce qui fait de Serge un Alceste et de Gauthier un Philinte ?

3 • À votre tour, choisissez un milieu actuel pour transposer la cour et les salons dans une réécriture contemporaine du *Misanthrope*. Justifiez votre choix.

Texte 1 • Extrait du scénario d'*Alceste à bicylcette* (2013)

Serge et Gauthier répètent la scène du sonnet d'Oronte. Gauthier est un peu agacé par les compliments de Serge, toujours un peu condescendant.

36. Maison de Serge. Jour

SERGE-ALCESTE. […] Croyez-moi, résistez à vos tentati-ons, dérobez au public ces occupati-ons…

C'en est trop, Gauthier coupe Serge :

GAUTHIER. Tu dis « occupati-on » ?

SERGE. Bien sûr, pourquoi ?

GAUTHIER. « occupatillion » ! C'est complètement archaïque. Il faut dire « occupation » sans marquer le i.

SERGE. Mon chéri, tu es obligé de marquer la liaison ; sans ça, tu te retrouves avec une syllabe de moins. *Serge parle à Gauthier comme s'il avait quatre ans.* Un alexandrin, ça fait douze syllabes. « Dérobez au public ces occupations », ça fait onze syllabes. Pour que cela fasse douze, tu dois dire : « Dérobez au public ces occupati-ons ».

GAUTHIER. Je m'en branle, du nombre de syllabes. Je suis pas à l'école. Je joue pas en matinée pour les scolaires ! Moi, je parle au public d'aujourd'hui.

SERGE. Parce que tu es branché, tu es branché sur le public d'aujourd'hui…

GAUTHIER. Les gens viennent voir *Le Misanthrope*, parce que ça leur parle de maintenant. Ça rime à rien de le dire à l'ancienne.

SERGE. J'imagine que tu es aussi adepte de coloriser les films, parce que le noir et blanc, c'est archaïque.

GAUTHIER. Je vois vraiment pas le rapport.

SERGE. Écoute, mon chéri, Molière n'est pas un scénariste, il écrit pas des téléfilms. C'est pas une langue naturaliste, Molière. Ce sont des alexandrins et il y a une seule façon de les dire, que ça te plaise ou non.

GAUTHIER. Tu trouves que je joue « téléfilm » ? C'est ça ?

Gauthier ne plaisante plus. Il est prêt à en découdre.

SERGE. J'ai pas dit ça… Tout de suite, tu prends la mouche, c'est inouï ! Je dis que Molière, c'est une rythmique. C'est complètement organique, les alexandrins, ça passe par le corps…

GAUTHIER. Eh bien, moi, je pense que notre travail, c'est de toucher les gens. Sortir de l'élitisme débile. De pas le jouer « petit marquis » avec le petit doigt en l'air.

Serge a du mal à se contenir.

SERGE. C'est toi qui es vexant, maintenant. Quand tu joues du classique, tu respectes le vers, point final !

GAUTHIER. Tu sais ce qu'on va faire ? Si tu veux le jouer à l'ancienne, tu le fais. Tentatiii-on, occupatiii-on, masturbatiii-on, tout ce que tu veux. Mais tu me laisses dire le texte comme je le sens, moi. D'accord ?

Texte 2 • Interview de Philippe Le Guay, réalisateur

Philippe Le Guay est réalisateur, scénariste et acteur. Il a notamment réalisé *Le Coût de la vie* (2003), *Les Femmes du 6e étage* (2011) et *Alceste à bicyclette* (2013).

▸ ***Quelle est l'origine de ce projet ?***

Tout a démarré pendant la préparation des *Femmes du 6e étage*. Je cherchais à convaincre Fabrice Luchini de jouer le rôle principal de ce film et je l'avais poursuivi jusqu'à l'île de Ré. Fabrice est venu à ma rencontre à vélo et nous avons fait le chemin vers sa maison, tout au bout du bout de l'île… Je lui ai fait remarquer qu'il habitait dans un ermitage reclus, tel un misanthrope… Et là, tandis que nous faisions le trajet à bicyclette, il s'est mis à déclamer la scène 1 de l'acte I du *Misanthrope*. Il connaissait par cœur les répliques des deux personnages ! Il faut dire qu'il lit et relit la pièce depuis trente ans… C'était saisissant d'entendre Fabrice Luchini réciter les alexandrins de Molière dans la lumière orangée du soleil couchant, avec les mouettes au-dessus de nos têtes… J'ai eu instantanément la vision d'un film, et son titre : *Alceste à bicyclette*. Un an plus tard, je suis revenu vers Fabrice pour lui demander s'il avait envie de travailler sur Alceste. Il se trouve qu'il avait eu le projet, il y a des années, de jouer la pièce avec un autre comédien, et d'alterner les rôles d'Alceste et de Philinte. Cette idée est devenue centrale dans le scénario.

▶ ***Pourquoi l'île de Ré ? Le film aurait-il pu se tourner ailleurs ?***

Depuis que l'île est reliée au continent, elle a perdu de son indépendance, mais elle demeure cependant un lieu de réclusion en morte saison. Je tenais à tourner dans les rues désertes battues par le vent, avec tous les volets fermés, sans une voiture qui passe. C'était le décor idéal pour rendre sensible la réclusion du personnage. Mais l'île de Ré a aussi un autre visage : il y a la dimension sociale et mondaine, qui est considérable. Dès la belle saison, c'est un lieu de prédilection de l'intelligentsia parisienne, où se retrouvent comédiens, écrivains, hommes politiques... Dans un sens, cette dimension sociologique est une transposition décalée de la Cour de Versailles chez Molière. À la fin de la pièce, Alceste tranche ses liens avec la vie sociale, et il fallait reconstituer dans notre film un microcosme mondain. *Alceste à bicyclette* se dénoue autour d'un week-end de Pâques, où brusquement les parisiens affluent. Je sentais que les dernières scènes devaient être plus larges, avec plus de personnages – ne serait-ce que pour montrer le décalage avec le personnage de Serge Tanneur.

▶ ***Avez-vous voulu faire du personnage de Francesca une anti-Célimène ?***

Il y a quelque chose de ça, en effet ! Francesca est une Italienne venue sur l'île pour vendre une maison à la suite d'un divorce douloureux. Elle vient solder cette histoire d'amour, elle est blessée, elle est à vif. Plutôt qu'en faire une séductrice ou une écervelée, je trouvais intéressant qu'elle soit encore plus misanthrope que Serge lui-même ! Elle n'a pas un regard social sur le monde, elle va encore plus loin : elle dit qu'on va tous mourir, que nos chairs vont se flétrir et pourrir dans la tombe et que tout finira en poussière...

▶ ***Durant tout le film, Gauthier Valence, qui rêve de jouer Alceste, est poursuivi par son rôle du docteur Morange, auquel il doit la célébrité. Qu'est-ce que cela dit du métier de l'acteur ?***

Gauthier est le héros aseptisé d'une série, comme il en existe tant sur un chirurgien qui fait des miracles. Cela flatte son narcissisme d'être aimé et reconnu. En même temps, le public s'approprie les acteurs, il projette sur eux toutes les qualités, tous les pouvoirs. C'est ce qui se passe avec le chauffeur de taxi qui attend un service de Gauthier et qui ne voit rien venir. L'amour se transforme en déception et la déception débouche sur la colère. Pour le chauffeur, Gauthier devient le symbole des « gens d'en haut », de ceux qui ont besoin de l'admiration des petites gens mais qui en fait les méprisent… C'est d'autant plus injuste dans le cas de Gauthier qu'il est sincère dans ses élans humanistes ! C'est l'ironie et la cruauté de leur malentendu…

▶ ***Qu'ajoute à la situation initiale du* Misanthrope *la transposition dans le monde des acteurs ?***

Une des dimensions de mon projet était de montrer deux acteurs au travail : assister aux répétitions, suivre les tâtonnements, les élans, le moment où le personnage s'impose. Il est clair que Gauthier a du mal à s'approprier Alceste, il passe par des « trucs » d'acteur. Mais peu à peu, le rapport de violence dans lequel Serge l'installe l'aide à trouver le nerf d'Alceste.
Après la bagarre avec le chauffeur de taxi, il arrive tuméfié, dans un état de colère qu'on ne lui soupçonnait pas. Et quand il se met à dire Alceste, il est au cœur du personnage. C'est une illustration quasi littérale du paradoxe du comédien de Diderot, qui explique que l'acteur doit puiser dans la vérité de son vécu. Un homme blessé pour de bon peut jouer la blessure… Toute la question est de savoir s'il saura fabriquer cette émotion ensuite dans les centaines de représentations que suppose un spectacle. Diderot se méfie de l'émotion vraie mais au cinéma, il n'est besoin que d'une fois pour exister devant une caméra.
Le fait que Serge et Gauthier soient des acteurs offre la possibilité de les voir s'approcher des rôles, d'entretenir un aller et retour entre le personnage réel et sa projection au théâtre. Ils peuvent verbaliser leur définition du rôle et le spectateur qui n'est pas forcément au courant de la pièce peut les suivre facilement.
Ces deux personnages, en dépit de leurs egos de comédiens, sont portés par cette ferveur qu'on trouve chez les grands acteurs. Ils sont au service de Molière et de son *Misanthrope*, ils sont en état d'admiration et d'enthousiasme. Tout seuls, perdus dans cette maison de l'île de Ré, ils jouent ce texte sublime, loin des regards et des sunlights. C'est leur modestie, mais c'est aussi leur grandeur.

Rencontre avec

Fabrice Luchini

Fabrice Luchini interprète, dans *Alceste à bicyclette*, film de Philippe Le Guay (2013), le rôle de Serge, un comédien qui s'est retiré et qui vit en solitaire sur l'île de Ré.

▸ ***Quel a été votre premier contact avec Alceste ?***

Il a dû commencer comme le premier éblouissement face à l'immense dialoguiste qu'est Molière. Il m'a accompagné et cela s'est cristallisé avec la lecture de Jouvet, qui était lui-même intrigué jusqu'à la fin de sa vie par l'immensité mystérieuse de cette première scène [du *Misanthrope*], de ces deux caractères. Il y a de merveilleux témoignages des cours de Jouvet, où Jouvet, depuis vingt ans, écoute ses élèves du Conservatoire, dans ce premier acte, et dit : « Il continue à m'étonner, à m'intriguer ».

▸ ***Pourquoi n'avez-vous jamais joué Molière au théâtre ? Y a-t-il eu des projets qui ne se sont pas réalisés ?***

J'ai énormément travaillé *Les Femmes savantes*, qui m'ont beaucoup obsédé : elles m'habitaient tous les jours, je les travaillais, je les interrogeais, je les intégrais dans des spectacles de temps en temps, mais je n'éprouvais pas le besoin de monter la pièce. J'ai fait mes gammes sur Alceste, sur *Les Femmes savantes*, mais je ne les ai jamais joués.

▶ ***Si après* Alceste à bicyclette*, on vous proposait* Le Misanthrope*, accepteriez-vous de jouer Philinte… ou Alceste ?***

Entre parenthèses, je pense que je vais faire avec Philippe Le Guay une adaptation théâtrale de ce film. Les gens adorent voir comment cela se fabrique. On pourrait, à la fin de l'adaptation théâtrale, jouer le premier acte.
Si on me proposait Philinte, j'accepterais à condition d'alterner. Parce que vous avez bien compris que Philinte, c'est l'intelligence, contrairement à la vision romantique, adolescente, révolutionnaire, qui fait d'Alceste un héros, celui qui a raison. Alceste, c'est un « chieur » ; il est ridicule et merveilleux, en même temps, mais c'est quoi, cette idée de dire la vérité ? C'est quelqu'un qui n'a rien compris au concept du masque de Nietzsche : « Et nous aussi, nous allons en société, c'est-à-dire au pays des masques et nous éconduisons élégamment toute personne qui s'adresse à autre chose qu'à notre masque ». Si vous y réfléchissez bien, Philinte, c'est l'homme de la compréhension de la nature humaine, avec un pessimisme profond. Alceste et Philinte sont les deux faces d'une même pièce. Évidemment que Molière était et Philinte et Alceste. Il a réuni ces deux personnages, qui, en réalité, ne font qu'un.
Si on me proposait Philinte, donc, je dirais oui, mais en alternance, exactement comme le personnage du film. Par contre, je crois que j'irais jusqu'au bout.

▶ ***Oui, car pour Serge, votre personnage, il semble que cette représentation intime qu'ils se sont donnée l'un à l'autre pendant huit jours lui suffise.***

La fin du film est totalement troublante et fascinante : tout à coup, il ne veut plus. C'est cela qui est magnifique. Il ne veut que dire le texte sur la plage, dans un état de sérénité. J'ai connu des gens, très intellectuels, qui ne supportaient pas d'aller au théâtre mais qui lisaient le théâtre seuls, sans avoir à subir des acteurs plus ou mauvais, et qui se faisaient leur Molière, leur Shakespeare… Je ne dis pas que le théâtre n'est pas fait pour être incarné…

▶ ***À un moment donné, Serge dit en contestant les diérèses de Gauthier, : « C'est pas une langue naturaliste, Molière. Molière, c'est une rythmique. C'est complètement organique, les alexandrins ». Là, le réalisateur, qui vous***

connaît bien, fait parler Fabrice Luchini, non ?

Pas exactement. Là, il me fait jouer le défenseur du temple de la perfection du nombre de pieds. Moi, je n'y crois pas du tout. Il ne faut pas insister, c'est pour cela que j'ai ajouté : « je ne te demande pas d'insister, car le but n'est pas d'appuyer sur la beauté du style, le but, c'est de jouer la situation. » Cette scène de répétition, extrêmement drôle, permet à Le Guay de montrer deux écoles : l'une qui dit qu'on doit jouer pour les gens d'aujourd'hui – ce qui est une ineptie totale –, et moi, qui ai pu replacer cette phrase de Jouvet, remarquable : « tu dois quand même dire le nombre de pieds, car, sinon, tu voles le spectateur. » Respecter les pieds et jouer comme un pied, cela n'a pas tellement grand intérêt. Détruire l'harmonie de la phrase uniquement au nom d'une prétendue modernité, c'est aussi stupide.

L'essentiel à savoir, quand on attaque ce répertoire, c'est qu'Alceste s'adresse à Philinte et que Philinte s'adresse à Alceste, et que la plupart du temps, les gens s'adressent au lustre, ils crient, ils font un Alceste en colère et on n'entend plus rien. Or, ce sont deux amis. Il faut trouver surtout le rapport dans cette scène de ménage, très, très concrète. À partir du moment où ce sont deux amis qui se parlent, qu'ils se mettent en colère, moi, je demanderais modestement de ne pas éteindre le génie de la langue de Molière, sans appuyer pour la faire ressortir. Le but est de trouver une fluidité, une maîtrise de la diction, qui, pour Jouvet, est la base absolue du métier.

Maintenant, pourquoi Serge est-il choqué par la manière dont Gauthier joue ? D'abord, parce qu'il répond à son portable ; qu'après, il fait du Strasberg mélangé à du Stanislavski, c'est-à-dire qu'il greffe de la sous-psychanalyse. La scène est irrésistible quand Alceste lui dit : « Pourquoi tu traînes le pied ? Pourquoi tu boites ? ». Lambert caricature alors ces acteurs qui veulent inventer, ces acteurs qui intellectualisent, avec la méthode de l'Actor's Studio, absolument inapplicable dans le répertoire du XVIIe siècle. En effet, ce sont des personnages exceptionnels. Il n'y a pas besoin d'aller chercher du vécu psychanalytique pour pouvoir dire les vers.

► ***Dans le film, le conflit entre Alceste et Philinte est enrichi d'un conflit entre acteurs. Les relations entre Serge et Gauthier sont assez ambiguës, mélange d'admiration, d'agacement,***

de rivalité… Par nature, les rapports entre comédiens peuvent-ils être libres de tout jeu ?

Non, ils sont impossibles. La condition d'acteur est une condition insécurisée, l'autre est vécu comme un rival. Cela peut se détendre bien mieux avec les comédiennes car elles ne te prennent pas le rôle. Mon expérience est que je n'ai jamais pu tisser de liens d'amitié avec d'autres comédiens. Il y a trop d'intérêts en commun.

▸ ***Cela tient-il au métier même, au jeu du masque, de la séduction ?***

Oui, cela tient à la spécificité de la structure psychologique d'un acteur, extrêmement anxieuse et inquiète, un peu détraquée. Les comédiens sont quand même, pour citer Molière, « des animaux étranges », avec cette demande constante d'être aimés, appréciés. J'aimais beaucoup la phrase que Roland Barthes m'avait dite : « Dès que je suis près d'un acteur, j'ai peur. » Et comme un acteur a peur tout le temps, peur de ne pas avoir de rôle, peur de rater son rôle, peur tous les soirs… D'autre part, c'est un métier qui entraîne un énorme égotisme. C'est pour cela qu'il faut être curieux, essayer d'assouplir cette structure foncièrement égocentrée, puisque le moi de l'acteur est sa matière première. Jouvet nous offre une solution absolument géniale : c'est sa « religion du rôle », c'est-à-dire l'oubli, l'abnégation et de l'intelligence et de la personnalité. C'est pour ça que Jouvet a tant compté pour moi, il nous offre, presque de manière chrétienne, une solution pour sortir du moi, en faisant de l'acte de jouer le dépassement absolu et l'état de vacances : « L'acteur témoigne de lui-même et le comédien, par une lente insinuation, se hisse à l'altitude où existe le personnage et pour cela, il doit être formidablement vacant. » Voilà la définition enfin réelle de ce qu'est un acteur et ce qu'est un comédien. Et Jouvet termine : « Mais une représentation témoigne des deux mouvements à la fois. »

▸ ***Serge ne doit-il pas choisir, au fond, entre deux options inconciliables : être Alceste ou jouer Alceste ? Car pour jouer Alceste, il faut aller vers les autres, donc être un peu Philinte.***

Évidemment. C'est pour cette raison que j'adore autant ce film ! Il a réussi à faire passer en contrebande un hommage à la France, à ce que ce pays a d'intrinsèquement sublime : sa langue.

Lambert Wilson

Lambert Wilson interprète, dans *Alceste à bicyclette*, film de Philippe Le Guay (2013), le rôle de Gauthier Valence, un comédien célèbre pour son rôle dans une série télévisée. Il vient proposer à Serge de collaborer au *Misanthrope*, qu'il souhaite mettre en scène.

▸ ***Au théâtre, vous avez joué et parfois mis en scène la plupart des grands auteurs : Racine, Marivaux, Hugo, Musset, Anouilh… mais jamais Molière. Pourquoi ? Seulement des occasions manquées, ou quelque chose qui, pour vous, résiste encore dans cette œuvre ?***

Molière est un auteur que j'adore, et que j'adore particulièrement voir jouer. La seule fois où je m'en étais approché remonte à la classe de Quatrième, quand j'avais interprété Trissotin dans *Les Femmes savantes* ! Je pense sérieusement que dans son œuvre, je trouverais ma place en étant distribué dans les grands ridicules, justement comme le personnage de Trissotin. Ou encore dans un des professeurs du *Bourgeois Gentilhomme*, dont je me régalerais, mais bien entendu, personne ne songe à me les proposer. Les grands héros comme Alceste ou Dom Juan m'attirent, certes, mais eux non plus ne se sont pas trouvés sur mon chemin. Peut-être mes études théâtrales en Angleterre y sont pour quelque chose, j'ai appris à rêver plus à Shakespeare qu'à Molière. Toujours est-il qu'à chaque fois que je l'écoute, je suis fasciné par son intelligence et l'humour de sa langue. En tant que metteur en scène, j'ai sans doute eu un peu peur de l'aborder, à cause de la taille nécessaire des distributions, étant plus à l'aise en général avec des pièces à peu de personnages. Mais si je devais en aborder une aujourd'hui, cela serait certainement *Le Misanthrope*…

▶ *Le film identifie le personnage de Gauthier, que vous jouez, à Philinte. Mais qu'y a-t-il d'Alceste en lui ?*

Je pense qu'en Gauthier, il y a une colère profonde enfouie, une force qu'il a ignorée, une rage contre la société et contre les êtres. Mais tout cela n'a pas été autorisé à sortir de lui pendant des années. Il lui a fallu l'électrochoc produit par Serge, et l'immense irritation que celui-ci apporte. Gauthier n'est pas un visionnaire, il n'a pas une réflexion particulière sur le fonctionnement du monde, mais il a en revanche un sens de la justice qui peut le faire sortir de ses gonds.

▶ *Et en vous, en tant qu'acteur, quelle est la part d'Alceste ? Quelle est celle de Philinte ?*

Je crois être, dans la vie, plus proche de Philinte que d'Alceste. Je pense être courtois, soucieux de l'harmonie entre les êtres, patient avec les autres, cherchant toujours à être positif en compagnie, même si je peux être sombre dans le privé. Je n'ai pas les excès d'Alceste, je n'ai pas son intransigeance, elle me fatiguerait. Je n'ai pas, comme lui, envie de changer les hommes. En tant qu'acteur, je suis plus un Alceste qu'un Philinte. Je suis plus à l'aise avec l'excès justement en tant qu'acteur, avec la colère, avec la fougue, ou le sentiment amoureux. Je pense que j'aurais peur de m'ennuyer avec Philinte, même si sa partition est magnifique. Il est un peu souvent sur la même note, et j'aime les variations dont le rôle d'Alceste est rempli.

▶ *« Je joue pas en matinée pour les scolaires ! Moi je parle au public d'aujourd'hui », dit votre personnage. Pour vous, qui avez mis en scène* Bérénice *de Racine à deux reprises, c'est un vrai débat ?*

C'est un débat complexe. Je suis musicien, et j'accorde une importance fondamentale à la partition, à la musique que l'auteur a inventée, et j'essaie toujours, au maximum de mes forces, de respecter cette musique, en tant que metteur en scène, et en tant qu'acteur. Bien sûr, ma vision de cette partition est faussée par la sensibilité moderne, par des siècles d'adaptation de l'oreille aux tendances des époques variées. On ne joue plus Racine comme Sarah Bernhardt le faisait, mais elle était de bonne foi à son époque. Pour ma part, je ne suis pas d'accord avec mon personnage dans le film, et je suis du côté de Serge : on ne doit pas jouer un texte du XVIIe siècle en voulant le rendre moderne et accessible, cela voudrait dire sauter la difficulté du style. La beauté du théâtre, à travers les âges, vient du fait que des textes anciens, exprimés au plus près des intentions – y compris sonores – de l'auteur, puissent toucher un public contemporain, malgré leur forme archaïque.

En revanche, je ne suis pas un ardent défenseur des « purs et durs », ces dix-septièmistes qui se vantent de savoir comment on prononçait à l'époque de Molière ! Je pense qu'on n'en sait pas grand-chose de toute façon, et le plus important reste malgré tout que la langue soit compréhensible.

▸ ***On sent votre personnage embarrassé par le succès populaire du docteur Morange, et en même temps, il défend son travail face à l'ironie de Serge. Avez-vous mis dans cette situation quelque chose de vous, qui alternez les films « grand public », comme* Jet set *ou* Le Marsupilami, *et d'autres plus exigeants, comme ceux de Resnais ?***

À la différence de mon personnage, je n'ai aucun embarras, aucune gène quant aux films populaires auxquels j'ai pu participer. Je n'ai jamais fait de série télé, même si je n'ai rien contre ce genre, et les quelques comédies auxquelles je me suis prêté étaient de qualité. J'ai toujours considéré mon parcours d'acteur comme un butinage, qui me fait passer d'un genre à l'autre, sans que j'aie vraiment le temps de m'enliser dans aucun d'entre eux. Il faut se poser la question, avant de faire les choses, de savoir si on va pouvoir les assumer pendant toute sa vie. J'ai la chance de ne pas avoir été trop déçu jusqu'à présent, au contraire. Et puis, je considère qu'un acteur doit une certaine politesse au public, qui est celle de se renouveler, et de varier ses productions. J'aime ces Américains, qui, à l'instar de Meryl Streep, alternent *Mama Mia* et des rôles tragiques...

Fabrice Luchini (Serge Tanneur) et Lambert Wilson (Gauthier Valence)
dans *Alceste à bicyclette* de Philippe Le Guay, 2013.

Lire

• William Shakespeare, *Timon d'Athènes*, 1607

Une pièce peu connue du grand dramaturge anglais, sur la figure mythique du plus célèbre misanthrope de l'Antiquité, l'athénien Timon, passé de la générosité envers sa cité à la malédiction jetée sur ses contemporains.

• Jean-Jacques Rousseau, *Lettre à d'Alembert sur les spectacles*, 1758

Ce court texte est la réponse à l'article « Genève », rédigé par d'Alembert pour l'Encyclopédie *(voir extrait p. 121). Rousseau, y fustigeant le théâtre comme un facteur d'immoralité, prend plusieurs exemples dans* Le Misanthrope.

• Georges Courteline, *La Conversion d'Alceste*, 1905

Une suite du Misanthrope, *en un acte et en vers, créée par la Comédie-Française. Alceste a finalement épousé Célimène, sans se retirer au « désert » ; mieux, il s'est converti à l'indulgence et à l'hypocrisie mondaine. La fin ne sera pourtant guère différente…*

• Jacques Rampal, *Célimène et le Cardinal*, 1993

Vingt ans après, les retrouvailles de Célimène, bourgeoisement mariée, et d'Alceste, devenu cardinal mais toujours aussi intransigeant. Une savoureuse fantaisie en alexandrins impeccables, truffée de références à Molière. À lire, et à voir aussi en DVD, dans une réalisation de l'auteur, jouée par deux grands interprètes du Misanthrope, *Gérard Desarthe et Ludmila Mikaël.*

Voir

• Jean-Paul Carrère, *Le Misanthrope*, 1977

Captation de la mise en scène de Pierre Dux pour la Comédie-Française (voir p. 122). Georges Descrières y incarne un Alceste douloureux et altier, dans une version très classique de l'œuvre.

• Stéphane Braunschweig, *Le Misanthrope*, 2003

Captation par le metteur en scène lui-même de son spectacle monté avec la troupe du Théâtre national de Strasbourg (voir p. 151 et 163). Un Alceste contemporain et immature, pris au piège d'un jeu de miroirs, entre la nécessité d'être adulte et la difficulté de le devenir.

• Marc Terzieff, *Molière avant les 3 coups... ou la répétition du* Misanthrope, CNDP, 1985

Le film suit les répétitions du Misanthrope *sous la direction d'André Engel (voir p. 59 et 162). Nous assistons aux différentes étapes de travail depuis une première lecture de la pièce autour d'une table jusqu'à la représentation finale à la maison de la culture de Bobigny.*

• Patrice Leconte, *Ridicule*, 1996

Un film brillant sur le pouvoir des mots d'esprit à la Cour et dans les salons parisiens du XVIIIe siècle, à travers l'ascension d'un jeune aristocrate arrivant de sa province.

TABLE DES ILLUSTRATIONS

Couverture : *Le Misanthrope*, de Molière, mise en scène de Jacques Lassalle, théâtre de Bobigny, 1999, avec Andrzej Seweryn (Alceste) et Marianne Basler (Célimène), © Pascal Victor/ArtComArt.

p. 11 : BIS/Jean Dubout/Archives Larbor.
p. 38 : Pascal Victor/ArtcomArt.
p. 59 : Marc Enguerand/CDDS.
p. 77 : Rue des Archives/AGIP.
p. 96 : Fabienne Rappeneau/Wikispectacle.
p. 114 : Gaumont-Pathé.
p. 115 : BIS/ Collection Archives Larbor.
p. 122 : Marc Enguerand/CDDS.
p. 128 : Brigitte Enguerand/CDDS.
p. 135 : Studio Lipnitzki/Roger Viollet.
p. 147 : Gaumont-Pathé.
p. 151 : Pascal Victor/ArtcomArt.
p. 161 : Brigitte Enguerand/CDDS.
p. 162 : Marc Enguerand/CDDS.
p. 163 : Elisabeth Carecchio.
p. 164 : Jean-Paul Lozouet.
p. 167 : Gaumont-Pathé.
p. 170 : Gaumont-Pathé.
p. 174 : Gaumont-Pathé.
p. 177 ; Gaumont-Pathé.

p. I-137 : Pascal Victor/ArtcomArt.
p. II-137 : Pascal Victor/ArtcomArt.
p. III-137 : Marc Enguerand/CDDS.
p. IV-137 : Pacome Poirier/Wikispectacle.
p. V-139 : Collection ChristopheL.
p. VI-139 : Gaumont-Pathé.
p. VII-139 : Gaumont-Pathé.
p. VIII-139 : Marc Enguerand/CDDS.

Conception graphique : Julie Lannes
Design de couverture : Denis Hoch
Recherche iconographique : Juliette Barjon, Claire Balladur
Mise en page : ScienTech Livre
Édition : Valérie Antoni
Fabrication : Aude Cauchet-Lapeyronie

N° d'éditeur : 10191615 - Dépôt légal : Décembre 2012 - Imprimé en France par I.M.E. - 25110 Baume-les-Dames